KB233158

사기에서 삼국지까지 조직의 생존 전략

사기에서 삼국지까지

조직의 생존 전략

아베 유키오(阿部 幸夫) 저
최용훈 옮김

삼양미디어

중국 고대 명승부 9마당을 통해 보는
리더십의 원칙

인공두뇌를 가진 무인 조종의 인간 무차별 살상 무기가 등장했다. 이른바 로봇 전쟁 시대가 도래한 것인데, 인간이 만들어낸 무기물의 기계가 생물을 감지하고 끝까지 추적한다는 점에서 그리 탐탁하지가 않다. 로봇의 본래 목적인 인간을 도와주는 인조 일꾼이라는 점을 간과한 살상 무기의 출현은 인류사에 비극적인 일이 아닐 수 없다.

로봇이 반란을 일으켜서 인류를 말살시킨다는 스토리를 상상해 낸 것은 챠베크였으나 인간의 교활한 지혜는 한 술 더 떠 로봇에게 명령하여 무저항의 상대를 습격하게 만든다. 불안에 허망함이 더해져 이렇게 하면 안 되는데 하면서도 로봇 전쟁의 행방만 바라보고 있는 것이다. 인간은 로봇까지 망가뜨리기 시작한 것이다.

이러한 인류가 가까스로 타인을 배려하기 시작하고 상대와의 융화와 공생을 도모하기 시작한 것은 21세기를 몇 해 더 보내고 나서이다. 그러나 기업이나 개인 모두 승패의 결말에 대한 강한 관심을 갖고 있음은 부인할 수 없는 사실이다. 싸움을 시작한 이상 이기고 싶어 하는 것이 인간이 가지고 있는 보편적인 성향이다. 그렇다면 예측이나 공상과 같은 불확실한 미래를 확실하게 살아가기 위해서는 어떻게 해야 할 것인가? 다른 무엇보다 역사라는 확실한 사실의 재평가를 통해 얻는 방법이 가장 현명한 길일 것이다.

이 책에서는 수천 년의 풍설을 견뎌 내고도 오늘날까지 여전히 살아남아 온 중국의 고전古典을 단서로 고대의 명승부 9마당을 연대에 따라 차분히 살펴보고 있다. 노나라의 장공莊公에서 시작하여 진晉나라의 문공, 진秦나라의 소왕, 초나라의 항우, 한나라의 유방, 한신, 신나라의 왕망을 굴복시킨 남양의 유씨, 조조, 재갈량, 손권 등이 화려하게 등장한다. 모두가 각 시대의 경계에서 기회를 포착해 승리를 거둬 중국 역사에 이름을 남긴 영걸들이다. 이 책에서 사용한 역사적 자료는 〈사기〉에서 시작하여 〈춘추좌씨전〉, 〈한서〉를 비롯해 〈삼국지〉까지 기록성이 풍부한 역사서이면서도 문학성이 뛰어난 중국의 고전들이다.

이 고전들을 통해 알 수 있는 것은 춘추 시대에서 삼국지의 시대까지 1천여 년의 시간 동안 사람의 생각이 조금도 진화하지 않았다는 사실이다. 체면 불구하고 압도적으로 이기고 싶어 하는 것이나, 타인보다 훨씬 뛰어나고 싶어 하는 욕망에서 전혀 진보하지 않았다.

그런데 우리는 이 장대한 역사의 흐름 속에서 일관된 특징들을 발견할 수가 있는데 강약을 역전시키는 지혜라든가, 연합으로 우위를 만들어 내는 기술, 힘의 집중, 외교 전략의 활용, 정치·군사·외교의 일체화, 민중의 등장, 경제력의 축적, 전술

과 민심, 우병권술(병서)의 시비, 봉기한 농민과의 결합 등이 그
것이다.

전쟁이란 종국에는 종합전綜合戰의 양상을 띠게 된다. 누가
승자가 되는가는 아군과 적군에 대한 정확한 분석, 치밀한 작전,
장점과 단점을 어떻게 변증법적으로 풀어나가느냐에 달린 것
이다.

싸움에서는 승리하는 것이 우선 목적이겠지만 더 중요한 것은
단순히 이기는 것을 넘어 좀 더 미학적인 승리를 거두는 것이라
고 생각한다. 이 책을 집필하게 된 동기도 바로 이 부분에 있다.

독자 여러분들이 본서를 통해 승리에 대한 관점을 달리하고
보다 차원 높은 승리의 기술을 배울 수 있었으면 하는 간절한 바
람을 가져 본다.

가을의 초입에서

지은이

상대방의 약점에
최대한의 힘을 쏟아 부어라

장작의 싸움(제나라 vs 노나라 ; 기원전 684년)

 제 二 장 시시각각으로 변화하는 흐름을 읽어라

성복의 싸움(진나라 vs 초나라 ; 기원전 632년)

이상만을 추구하면 반드시 패한다

제三장

장평의 싸움(진나라 vs 조나라 ; 기원전 260년)

 제四장

부하의 힘을 최대한 끌어 모으는 방법

거록의 싸움(진나라 vs 초나라 ; 기원전 208년)

명확한 목적의식을 갖고 싸움터에 서라

정형구의 싸움(한나라 vs 조나라 ; 기원전 204년)

제六장 승리의 여신은 비정함을 좋아한다

해하의 싸움(초나라 vs 한나라 ; 기원전 202년)

이상을 실현하려면 완벽한 실행력이 따라야 한다

곤양의 싸움(신나라 vs 한나라 ; 기원전 23년)

먼저 시간을
제압하고 정확하게 행동하라

관도의 싸움(원나라 vs 조나라 ; 서기 200년)

제1장

상대방의 약점에 최대한의 힘을 쏘아부어라

강한 적에게 약한 힘으로 대항하여 이긴

장작의 싸움(제나라 vs 노나라 ; 기원전 684년)

약소국 노나라가 강대국 제나라와 한판 승부수를 펼친다. 노나라의 조귀 장군은 무조건 쳐들어가려는 노장공을 설득해 제나라의 약점을 정확하게 파악해 절호의 기회를 노린다. 약소한 나라가 최고의 강적과 대적해 이길 수 있는 방법을 조귀 장군의 장작의 싸움을 통해 찾아 보기 바란다.

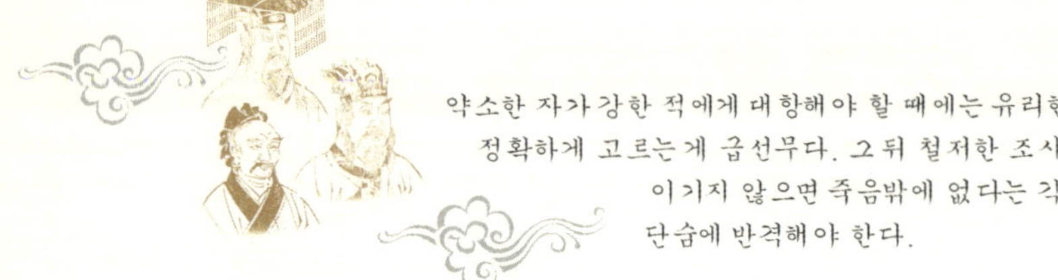

중국 역사는 "싸우는 현대인"의 연수 도구

인간은 전쟁 이야기를 좋아한다. 긍지가 강한 민족은 싸우는 법이다, 싸움은 만물의 아버지이다 등 옛날부터 사람들은 자신들의 업보에 대해서 만큼은 구체화하고 정당화하며 투쟁을 선동해 왔다. 그 결과 싸움을 좋아하는 인간의 성향은 마이너스 유산이 되어 오늘날의 경쟁 사회로 계승되어 왔다. 당연히 21세기 사회에 적을 두고 있는 인간은 좋든 싫든 상관없이, 밤이고 낮이고 할 것 없이 형태는 비록 다를지 모르지만 치열한 싸움을 강요당해 왔다. 그래서 싸움 이야기를 좋아하고 이기는 것에 대한 쾌감에 빠져 드는 것인지도 모른다.

전자화된 정교한 로봇에게 명령을 내리는 권력자로 사령탑에 서서 버튼 하나로 전쟁의 영웅이 되는 것은 분명 더할 수 없는 쾌감을 준다. 하물며 완력이 강한 개인이 육탄 공격을 가하고 사력을 다하는, 일대 일 격투에 몸을 떨며 흥분하는 것은 당연한 일이다. 그 가운데서도 한층 흥미를 돋우는 것은 살아 있는 인간 집단의 치밀한 전략과 전술 아래 명장과 지장, 혹은 범장과 우장이 통솔하며 싸우는 자못 인간 냄새가 물씬 풍기는 싸움 이야기이다.

여하튼 우리는 크든 작든, 결속력이 강하든 약하든 IT 산업 집단이나 리폼 비즈니스 그룹, 신진 창업가 그룹 등에 소속되어 인간 냄새가 물씬 풍기는 싸움을 하고 있다.

그렇다면 이왕 싸울 바에는 이기지 않으면 안 된다. 적어도 창피하지 않을 정도로 보기 좋게 져야지 참패를 당하면 안 된다. 어떻게 하면 이길 수 있을 것인가? 어떻게 하면 무참한 패배 만큼은 면할 수 있을까?

장구한 중국의 역사에는 크고 작음에 관계없이 헤아릴 수 없을 정도로 많은 싸움 이야기가 등장한다. 단순히 피가 솟고 살이 춤추는 싸움이 아니라 너무나도 인간적인 지략 싸움이기에 현대에도 배울 바가 많다. 옛날 사람들의 총명한 재능과 용감한 정신을 계승해서 계발해야 하는 것은 물론이고, 그들의 우둔함이나 비겁卑怯함에서도 배워야 할 것은 분명히 있다.

은혜를 베푼다고 반드시 구석구석까지 미치는 것은 아니다

제나라와 노나라 장작의 싸움(長勺之戰, 장작은 지금의 산동성 곡부 서곡 지역으로 당시 노나라 국경 안쪽에 위치해 있었다. 이 전쟁은 중국 역사에서 적은 수의 군대로 큰 적을 맞아 이긴 싸움으로 기록되어 있다)은 우리에게 시사하는 바가 아주 크다.

주왕조에서 주공단을 보내 제후로 삼은 노나라는 비록 영토는 협소했지만 명문 중의 명문이었기 때문에 높은 긍지를 갖고 있었다. 이웃의 제나라는 그 무렵 상속 싸움이 계속되고 있었는데 워낙 대국이어서 어느 열국보다 군세가 강했다. 그 때문에 노나라는 지난번에 건시(제나라의 수도, 임치에서 가까운 곳)에서의 싸움에 패하고, 이번에는 자국의 영토 내까지 침입당할 위기에 처해 있었다.

먼저 공격해서 반드시 이길 것을 목표로 했던 건시의 싸움에서는 장공이 타고 있던 수레를 잃어서 마차를 타고 도망치는 추태를 보이기까지 했다. 장공을 구하기 위해 진자와 양자라는 측근 2명이 장공의 깃발을 자신의 수레에 꽂아 적을 속여서 다른 길로 적을 유인했으나 결국 붙잡혀 버리고 말았다. 비참한 패전이었다.

다음 해인 노나라 장공莊工 10년(기원전 684년) 봄, 제나라 군대가 노나라의 영내로 침입해 왔다. 장공은 맞서 싸우려고 했다.

작년 여름의 패전에 대한 설욕의 기회로 삼아 체면을 걸고서라도 꼭 한 번 이기고 싶었다.

노나라에는 조귀 장군이라는 용사가 있었다. 출신에 관해서는 잘 알려져 있지 않은데 역사책에는 조말이나 조자의 이름이 나온다. 〈사기〉의 자객열전의 필두에 그 일화가 자세히 기록되어 있을 정도니까 유명했던 인물임을 짐작할 수 있다.

이 조귀 장군이 장공의 서두르는 마음을 억제시키고 나섰다. 장공을 모시고 있는 노나라의 고관들이 매사에 좀스럽고 째째하고, 범용하여 견식이 부족해, 지략이 결여되어 있는 것을 보고 항상 안타까워하고 있었던 것이다. 조귀가 장공에게 뵙기를 청했다는 얘기를 듣고 고향 사람들은 모두 말리고 나섰다.

"우리들과 달라서 늘 고기만 먹는 존귀한 분들이 하시는 일일세. 쓸데없는 참견은 하지 않는 것이 좋을 걸세. 건드리지 않으면 해를 입는 일은 없을 테니까 말일세."

고귀한 신분의 대부大夫(당시의 관칭으로 경보다 아래이고, 선비보다는 위. 오늘날의 실권 없는 대신 정도) 이상의 사람들만이 녹祿을 받아 고기를 먹을 수 있던 시대였다. 맛있는 음식을 배불리 먹을 수 있는 귀인들의 얼굴에는 언제나 개기름이 번지르르 흐르고 있었다. 그들에게는 무더운 여름에는 얼음이 배급되었다는 기록도 남아 있다.

이러한 특권 계급에 속하는 장공의 측근들이 결정한 국가의 정책은 거스르지 않는 것이 좋다고 조귀의 주변 사람들이 걱정을 한 것이다. 조귀 장군은 마을 사람들의 충고 따위에는 신경도 쓰지 않았다.

"고기를 먹는 녀석들은 머리가 나쁘다. 아주 평범한 도리도 이해하지 못한다."

조귀는 사람들에게 그렇게 말하고 장공 앞으로 나아갔다.

"전하께서는 우리 노나라의 무엇을 믿고 개전開戰을 결정하시려고 하십니까? 무엇을 갖고 싸우려고 하십니까?"

약소국으로서 대국을 이길 수 있는 방책을 세워는 봤는지, 그것을 통해 병사들을 훈련시켜는 봤는지, 백성들의 의중은 헤아려 봤는지 등을 묻는 질문이었다. 상당히 준엄한 조귀의 물음에 장공은 이렇게 대답했다.

"나는 이제까지 사람들을 충분히 후하게 대우해 왔다고 생각한다. 내가 맛이 있다고 생각한 음식이나 아름답다고 생각한 의복은 결코 혼자 독차지하지 않고 반드시 아랫사람들에게도 나누어 주었다. 그러니 만큼 나라가 이처럼 위급한 상황에 처해 있으면 백성들은 모두 틀림없이 나를 지지해 주고 제나라와 싸워 줄 것이 틀림없다."

조귀 장군은 웃었다. 참으로 곤란한 영주라고 생각하는 듯한 얼마간 복잡한 웃음이었다.

"그것은 조그만 친절, 시정市井의 덕행이나 은혜에 지나지 않습니다. 조그만 은혜 같은 것은 아무리 겹쳐 쌓아 나가도 온 나라의 백성들에게 골고루 미칠 수가 없습니다. 전하의 주변에 있는 극소수 사람에게만 베푼 작은 친절에, 백성들이 전하를 위해서 흔쾌히 목숨을 바칠 것이라고 생각하십니까?”

약자가 강자의 횡포를 저지하려면

춘추 시대 초기, 중국은 백수십 개의 제후국으로 분열되어 있었다. 이러한 제후국은 도시 국가였는데, 근대적인 말쑥한 도시 국가가 아니라 사람들이 모여 사는 집락 주위를 성벽 같은 것이 에워싸서 적의 침입을 막는 공동체 같은 것이었다. 적의 침입을 허용하면 그 장소는 즉각 적국에 편입되고, 거꾸로 적을 격퇴하면 그 영토를 자국으로 병탄 倂呑(남의 영토 등을 강제로 자기 것으로 삼음)할 수가 있었다.

1대 1의 싸움도 있었고, 3국이 연합하여 강대국에게 맞서 싸우는 경우도 있었다. 신화나 전설에 바탕을 두고 나라라고 하는 것이 형성되어 갔는데 애당초 1천 개를 헤아렸던 나라가 춘추 초기에는 120개 국, 말기에는 40개 국 정도로까지 정리 통합되었다고 한다. 큰 나라와 작은 나라, 강한 나라와 약한 나라 등 가지각색이었는데, 강대국은 중국의 오늘날의 행정성을 2개 합친 것보다도 훨씬 크고, 작은 나라는 오늘날의 현보다도 더욱 작았다. 그 가운데서도 가장 강대한 나라는 정, 제, 진, 초, 진나라 등이었다.

나라와 나라 사이에는 이해관계가 서로 복잡하게 엇갈렸다. 강대국은 약소국을 병탄하려고 했고, 최고의 제후가 되어서 천하를 호령하려고 다투었기 때문에 싸움은 곳곳에서 끊임없이 벌어지고 있었다. 〈춘추〉에 기록된 통계에 의하면 대충 250여 년에 걸친 춘추 시대에 벌어진 싸움이 합계 378회나 된다. 최소한 매년 1~2회의 싸움이 벌어졌다는 계산이 나온다.

장작의 싸움도 그 중 하나인데, 제나라가 노나라를 정복하기 위해 시작한 전쟁이었다. 싸움을 걸었느냐 걸지 않았느냐에 대한 문제는 결코 단순한 것이 아니다. 그 이전의 여러 가지 사태의 경위가 있고, 나라를 움직이는 정치가나 사상가의 경영 철학이 뒤엉켜 있기 때문이다.

제나라는 지금의 산동성 동북부의 광활한 지역을 차지하고 있었는데, 토지가 비옥해서 산물이 풍부하고, 동쪽은 바다에 면해 있어서 어업과 제염과 같은 경제적 이익을 누리고 있었다. 또한 주위에 있는 소국들을 합병해서 국력도 나날이 강대해져 가고 있었다.

한편 노나라는 지금의 산동성 서남부의 한쪽 구석에 위치하고 있었는데 나라 면적도 제나라의 10분의 1정도밖에 되지 않았다.

도읍인 곡부에서 조금만 나가면 이미 제나라와의 국경이 코 앞에 다가와 있는 상태였다. 그렇기 때문에 경제력은 매우 뒤떨어져 있었다.

이러한 자연 환경 아래서 강대한 제나라와 약소한 노나라는 국경을 접하고 있는 이웃 나라였으며, 더구나 양국의 군주는 가까운 친척 사이였다. 제나라 희공은 딸 문강을 노나라의 나이든 환공에게 시집을 보냈는데, 문강은 그녀의 이복 오빠 양공과 서로 은밀히 사랑을 나누던 사이였다. 이러한 근친상간은 결국 사태를 더욱 악화시키고 말았다.

주왕조의 장왕 11년(기원전 686년), 제나라에서 상속 싸움이 일어나 제나라의 양공襄公은 사촌동생인 공손무지公孫無知에 의해 살해당하여 군주의 지위를 찬탈당했다. 이때 제나라에는 관중과 포숙아(관포지교라는 고사성어에 등장하는 우정이 깊은 두 인물)가 살고 있었는데 두 사람은 선견지명이 있어 양공의 이복동생들을 하나씩 맡아 교육을 시키고 있었다. 나라가 시끄러워지자 형 규는 관중이 맡아서 노나라의 장공에게 보호를 구하고, 동생 소백은 포숙아의 안내로 거나라로 피신을 갔다. 규의 어머니는 노나라의 공주이고 소백의 어머니는 강대국 위나라의 공주였기 때문에 위나라의 보호 아래에 있는 거나라로 피난을 갈 수 있었던 것이다.

상속을 목적으로 한 싸움에 공자를 축으로 한 세력들의 이해관계가 얽히고설키는 것은 흔히 있는 일로 노나라의 장공 역시 조카벌이 되는 공자 규를 제나라의 왕위에 올려놓으려고 생각했다. 노장공은 이듬해(기원전 685년) 여름, 군대를 출동시켜 그 호위 아래 공자 규를 제나라로 다시 서둘러 돌려보냈는데, 공자 소백쪽이 한걸음 먼저 선수를 쳐서 재빨리 귀국하여 왕위를 계승하고 말았다. 바로 이 공자 소백이 제나라의 환공, 즉 중국사의 '춘추 오패'의 필두에 올려지는 군주였던 것이다.

제나라의 환공은 즉각 군대를 파견하여 공자 규의 귀국을 차단하고 건시에서 노나라 군대를 격파했다. 그 뿐만 아니라, 노나라로 쫓아 들어가 공자 규를 죽였다. 이렇게 해서 양국은 서로를 증오하는 원수 사이가 되어 버렸던 것이다.

이듬해 봄, 큰 나라로 강한 힘을 지니고 있던 제나라는 소국 노나라를 상대로 진격을 개시했다. 군사 대국이란 먼 옛날에는 물론이고 21세기의 오늘날에도 다를 바가 없어서 그 횡포가 끝간 데가 없을 정도였다. 더구나 소국은 그것에 대처할 만한 적절한 방법이나 수단을 언제나 갖고 있지 못하다. 이러한 상황은 21세기의 오늘날에도 유감스럽게도 같다고 할 수밖에 없다.

노나라의 장공이 건시에서의 패배에 대한 설욕을 위해 제나라의 진격에 대응해서 군대 동원을 명했을 때 조귀 장군이 장왕에게 이야기하려고 한 것은, 약소국이 강대국의 진격을 격퇴할 수있는 바로 그 방법이었던 것이다.

서로 간에 믿음이 없다면 승리는 없다

조그만 친절 같은 것으로는 백성의 마음을 사로잡을 수 없다는 말을 듣고 노나라의 장공은 신神을 들고 나왔다. 그러나 신령에게 맹세하여 충성을 다한다는 그러한 조그만 신의 따위는 커다란 충성과는 관계가 없다고, 조귀는 준엄하게 일침을 가했다. 그러자 장공은 곰곰이 생각하다가 가까스로 한 가지 대답을 하기에 이르렀다.

"나는 온 나라의 백성들에 대해서 큰 송사이든 작은 송사이든 그 하나하나에 대해서 반드시 공정했다고는 할 수 없지만, 성심성의로 일에 임하고 정황을 잘 판단해서 신중히 처리해 왔다고 생각한다. 그렇기 때문에 온 나라의 백성들은 나를 신뢰하고 나를 지지해 줄 것이 틀림없다."

조귀는 고개를 크게 끄덕였다.

"국왕이 그처럼 송사를 중시하고, 최대한 공평하고 합리적으로 처리하려고 하는 마음을 항상 갖고 있다면, 충에 어긋나지 않는다고 할 수 있을 것입니다. 그로 인해 전하께서는 백성들의 신임을 기대하실 수가 있을 것이고, 제나라와 제대로 전쟁을 할 수 있을 것입니다. 저도 이번 싸움에는 미흡하나마 참가하려고 합니다."

모든 일에 진심으로 임해야 한다는 군주의 자각을 이끌어 낼 수만 있다면 조귀는 이번 싸움에서 이길 수 있다고 생각했다.

"전하, 이것이야말로 충애忠愛라고 하는 것입니다."

조귀는 다시 한 번 장담했다.

'충애'의 사전적 의미는 '진심을 다해서 사랑하거나 또는 그런 행위'를 말한다. 조귀는 신뢰야말로 왕자의 덕이라는 것을 알게 하고, 상호 믿음에 의한 단결을 빼고는 소국으로서 대국에 대응할 수 있는 방법은 없다는 것을 군주를 비롯한 모든 근신近臣들에게 이해시키려고 했던 것이다.

충분한 준비를 통해 전력을 단숨에 분출시켜라

노나라의 장공은 조귀 장군을 전차에 동승시키고 전선으로 향했다. 대개 중국 고대의 전쟁은 전차전으로 시작되는데 춘추 시대의 전쟁도 그러했다. 전차 1승이 하나의 전투 단위인데 전차는 4마리의 말들에 의해서 견인되고, 전차에는 갑옷과 투구를 착용한 3명의 전투원이 탄다. 중앙에 탄 무사가 말을 다루어 전차를 조종한다. 왼쪽 무사는 활을 가지고 주로 사격을 하고, 오른쪽 무사는 기다란 창을 사용한다. 전차 양쪽에는 갑옷과 투구로 무장한 7명의 전사가 도보로 측면을 굳히고, 전차 뒤에는 15명의 보병을 배치한다. 그 밖에 5명의 보병이 보급차를 호위하도록 되어 있다. 즉, 전차 1승에 도합 30명의 전투원으로 1전투 단위를 구성한다.

장작에 도착하자, 노나라 군대는 즉각 진열을 갖추고 결전을 기다리는 태세에 돌입했다. 제나라 군대는 연연히 끝이 보이지 않는 기다란 대열을 이루고 장작으로 밀고 들어왔는데, 평판이나 있는 정예 병사들만 믿고, 휴식도 취하지 않고 진용도 갖추지 않은 채 제1단의 큰북을 울려대면서 공격을 개시했다.

그것을 보고 노나라 군대의 장공이 반격 개시의 큰북을 울리려고 했을 때, 조귀 장군이 옆에서 말렸다.

"전하, 너무 서두르지 마십시오. 아직 반격의 시기가 아닙니다."

노나라 군대는 오로지 견고하게 방어만 했기 때문에, 최초의 돌격이 무위로 끝난 제나라 군대는 풀이 죽어 진지로 되돌아갔다.

얼마 뒤에, 제나라 군대는 다시 제2단의 큰북을 울려댔다. 이번에야말로 노나라 군대를 단숨에 분쇄하고 싶은 지휘관의 짜증스러움이 얼마간 큰북의 울림 속에 섞여 있는 것 같았다. 조귀 장군은 여전히 반격의 북을 치지 못하게 했다. 그리고는 이곳에서의 싸움은 인내를 필요로 한다고 다시 한 번 장공을 깨우쳤다.

"아직 멀었습니다."

노나라 군대의 방어는 완벽하다고 해도 좋을 만큼 견고했다. 초조해진 제나라 군대는 노나라의 견고한 진지를 격파할 만한

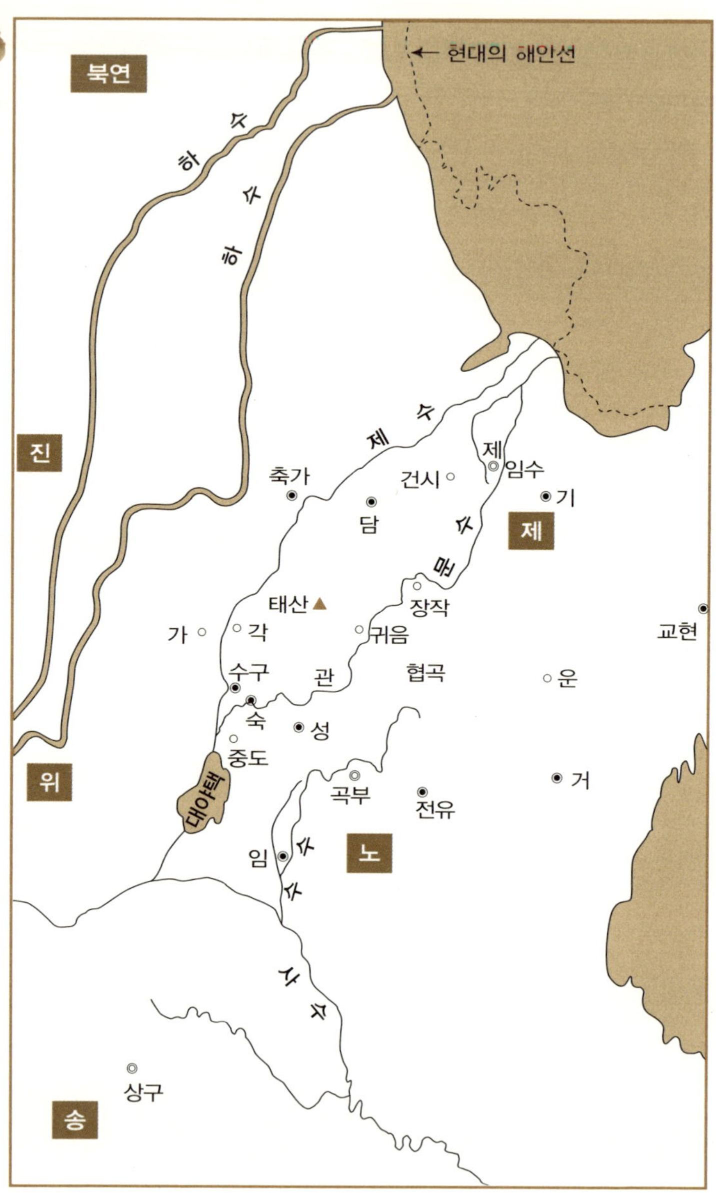

地圖
장작의 싸움 관련도
북연
현대의 해안선
진
위
송
제
노
하수
제수
사수
제
임수
건시
기
축가
담
태산
장작
가
각
귀음
교현
수구
관
협곡
운
숙
성
중도
대야택
거
곡부
전유
임
상구

힘이 없었다. 2차에 걸친 공격에서 성과를 올리지 못한 제나라의 병사들은 제3단의 북소리가 울려 퍼졌을 때, 모두 심한 피로감에 사로잡혀 더 이상 돌진할 기력이 남아 있지 않았다. 조귀가 장공에게 신호를 보낸 것은 바로 그때였다.

"지금입니다! 전하, 공격의 북을 하명해 주십시오."

노나라의 병사들은 마치 맹호가 산을 달려 내려오듯 제나라 병사들을 향해 진격했다. 만반의 준비를 갖춘 노나라 병사들이 분출하는 힘을 피로에 지친 제나라 병사들은 도저히 감당해 낼 재간이 없었다.

전차전에서는 전차들의 진열과 대형이 무너져 버리면 어떤 명장이라도 전법을 세울 수가 없다. 무참하게 격파당하고 교란당해서 뿔뿔이 흩어져 후퇴하는 제나라의 군대를 추격하는 것은 지금이 최적의 기회였다. 조귀 장군은 도망치는 적의 전차 부대의 바퀴 자국을 꼼꼼히 조사하기 시작했다. 그리고 바퀴 자국을 따라 확인하며 어떠한 모습으로 적이 도망치고 있는지 관찰해 나갔다.

한참이 지난 뒤 그는 "좋습니다, 추격을 하십시다!" 하고 장공에게 건의했다.

싸움이 끝나고 장공이 이번 전쟁에서 승리할 수 있었던 원인에 대해 묻자 조귀 장군은 이렇게 대답했다.

"싸움이라고 하는 것은 용기 하나에 달려 있다고 해도 과언이 아닙니다. 제나라 군대가 최초의 북소리로 진공해 들어왔을 때에는 비록 행군의 피로는 쌓여 있었지만 사기는 왕성했습니다. 그들과 정면으로 싸웠다면 아마 우리 군대는 잠시도 버티지 못하고 참패를 당했을 것입니다. 2차 북소리가 울렸을 때에도 그들의 사기는 조금 떨어지긴 했지만, 승리에 대해 완전히 장담할 수가 없었습니다. 시기 상조였습니다. 3차가 되자, 제나라 군대의 용기와 기력은 이미 소멸되어 있었습니다. 그 시점에서 양군을 비교해 보니까, 우리 군대는 휴식을 취하고 있었기에 사기가 눈에 띄게 충천해 있었습니다. 그때 바로 저 우람찬 공격의 북소리가 들려 왔던 것입니다. 그러니 이길 수밖에 없었던 것입니다."

싸움에 능한 장군은 적군의 기력을 빼앗는다고 한다. 아침결의 기력은 날카롭고, 정오경의 그것은 저하되고, 저녁 때의 그것은 완전히 소멸되어 버린다고 말한 것은 손자인데(〈손자〉, 군쟁편에서 "3군의 기를 빼앗아야 한다. 그 예기銳氣(날카롭고 적극적인 기세)를 피하고 그 타기惰氣(게으른 마음이나 기분)를 공격하라"고 말했다), 이 장작의 싸움을 염두에 두고 쓴 문장이 아닌가 싶다.

약자라도 한 번의 기회는 만들어 낼 수 있다

경제력과 군사력을 비롯하여 노나라는 모든 면에서 대국인 제나라에 비해 훨씬 열악했지만, 노나라의 군주 장공은 백성한테 신임을 받고 있었다. 어떤 조건보다 가장 중요하고 우월한 것이었다.

전선에서의 군사적인 지휘 방식을 살펴보면, 노나라 군대는 확실하게 조건이 맞아떨어지지 않았을 시에는 굳게 지키면서 적과의 결전을 피했다. 그리고 적이 강하고 아군이 약하다는 객관적인 상황에 의거해서 유리한 고지에 서기 위해 "적이 지치면 공격한다"는 방침을 세웠다. 그 결과 정확하게 유리한 시기를 골라 단숨에 북을 울려 용기를 불러일으켜서 제나라 군대에 반격할 수가 있었다. 또한 적의 정황을 세밀하게 조사하고 판단하여, 적의 전차 바퀴 자국이 흐트러지고 군기가 비뚤어지거나 쓰러져 있는 것까지 확인하고 나서야 추격을 감행해서 전과를 확대하고 승리를 쟁취할 수가 있었다.

이 전쟁은 중국의 역사 속에서, 단 한 번의 기회를 자기 것으로 만들어 약한 군대가 강한 군대를 대적해 승리를 거둔 유명한 전쟁 사례로 후세에까지 길이길이 전해지게 되었다. 조그만 친절, 조그만 신뢰는 분명히 우아한 미덕일 것이다. 그러한 시정의 미덕을 전부 포함한 보다 중요한 덕행은 바로 아랫사람들, 즉 민중과 부하의 신임을 얻는 것이다. 정치에 있어서든 인생에 있어서든 하나의 철학으로 삼고 마음에 깊이 새겨야 할 것이다.

단념하고 죽는 것보다 죽을 각오로 싸우는 것이 득이다

이상으로 이야기가 끝나서 노나라는 명장 조귀가 있어 그 이후 나라가 안정되어 태평성세를 구가하였다면 더할 나위 없이 경사스러워하겠지만 "춘추에 의로운 싸움 없다(맹자)"고 이것저것 비교해 볼 때 이 싸움의 결과는, 얼마간 좋았다는 얘기였다. 장작의 전투는 약소국인 노나라의 단 한 번의 승전이기 때문에 후세에 이야기가 전해진 것일 뿐 그 뒤 조귀 장군은 매 싸움마다 연전연패를 당했다. 어설프게 명성을 얻은 만큼 패전은 더욱 쓰라렸을 것이다. 그래서 나중에 궁지에 몰린 나머지 도박에 빠지게 되었는지도 모를 일이다.

그렇다면 작은 것小이 큰 것大을 뒤흔들어 놓으려면 이 방법밖에는 없었던 것일까?

〈춘추좌씨전春秋左氏傳(노나라의 좌구명이 춘추를 해설한 책)〉 장공에는 아래와 같이 쓰여진 문구가 있다.

"13년 겨울, 공은 제후와 만나서 가에서 동맹하다."

이 기록이 노나라의 정사正史인 이상, 〈사기〉처럼 "제나라와

세 번 싸워서 세 번 모두 패주했다"고는 도저히 쓸 수 없었던 모양이다. 사실상 패전의 연속이었는데 어설픈 무장 같았으면 이를 부끄럽게 여기고 스스로 목을 쳐서 자결하는 등의 방법을 선택했겠지만 조귀는 끝까지 패군의 장수라는 사실을 감수해 냈다. 그리고 절개와 의리, 치욕과 수치 그리고 명성을 전부 내팽개치고 노나라가 살아날 수 있는 방책을 찾기 시작했다.

"더이상 부지하기보다는 죽는 것이 차라리 낫겠다."

급기야 장공이 본심을 털어놓자 조귀는 절대 물러설 수 없다며 결의를 다졌다.

"죽을 마음으로 활로를 찾으셔야 됩니다."

제나라의 환공과 노나라의 장공은 회담을 가졌다. 연전연승을 하는 제나라와, 계속 패하기만 하는 노나라는 처음부터 격이 전혀 달랐지만, 조귀는 두려워하는 기색이 전혀 없었다. 주군과 가신(노장공과 조귀 장군), 두 사람 모두 상당한 배우 기질을 갖고 있었던 모양이다.

"노나라는 소국입니다. 병사도 데리고 오지 않았습니다. 부디 그쪽도 병사를 거둬 주십시요."

제나라의 관중管仲은 다소 의심쩍어했지만 환공은 의연하게 대답했다.

"좋소. 그렇게 합시다."

군주다운 제환공은 호위 병사들을 물러가게 했다. 하지만 노

장공과 조귀 장군은 둘 다 품속에 단검을 품고 있었다. 교섭을
벌이던 도중, 조귀의 비수가 환공의 목을 겨누었다.

"양국의 주군에 의한 개정 교섭이다. 누구도 말참견을 해서는
안 된다!"

주위에 있는 군신들을 향해 큰소리를 쳐 견제하며 자기가 하
고 싶은 말을 다했다.

"대국인 제나라가 우리 노나라를 침략한 것은 너무 심한 면이
없지 않습니다. 노나라의 성벽은 다 파괴되었고, 제나라의 국경
은 50리에 달하고 있습니다. 우리 영토가 압박당하고 있는 것은
근본을 따지고 보면 모두 그쪽 탓입니다. 제발 문양의 땅을 되돌
려 주십시오."

조귀는 필사적으로 호소했다.

제나라의 재상 관중이 환공에게 조언하여, 문수를 국경으로
하면 좋겠다는 약정이 성립되었다. 단검을 들이대고서 한 계약
이니까 지키지 않아도 상관없는 일이겠지만 제나라가 이 약조를
지킨 것은 과연 춘추 5패의 톱 자리에 있을 만한 풍격을 보여 준
것이리라.

이 약정이 성립된 것도 사실은 명재상 관중의 조언이 있었기
때문이었는데,

"이런 자질구레한 일로 노나라로부터 작은 이익을 얻는 것보
다는, 이쯤에서 노나라의 소원을 들어주고, 천하 제후들의 믿음

을 얻는 쪽이 더 크다는 것을 헤아려 주십시오”

하고 말했던 것이다.

이렇듯 ‘세 번 싸워서 잃은 영토를 단숨에 되찾은’ 뛰어난 수완은 중국사를 장식한 자객刺客의 명성에 걸맞는 것으로 세상은 이것을 ‘조가의 맹세’ 라고 부르고 있다.

시시각각으로 변화하는 흐름을 읽어라

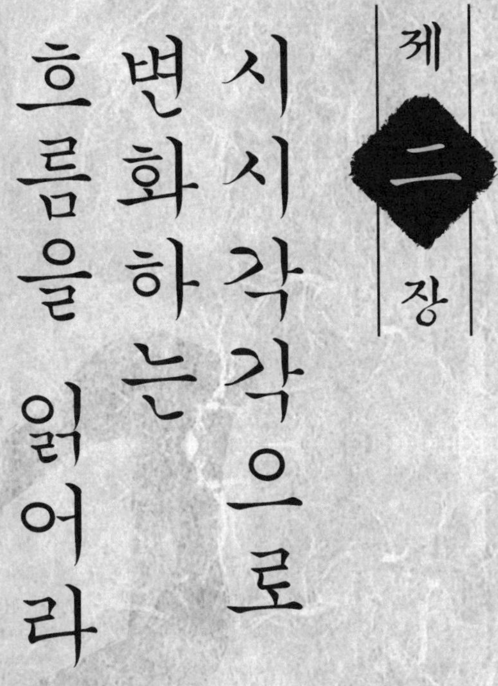

객관적 관점에서 정보를 철저하게 분석하여 승리한
성복의 싸움(진나라 vs 초나라 ; 기원전 632년)

열세였던 진나라는 우선 치밀한 사전 준비를 하고 민중의 마음 즉, 대의명분을 얻었다. 정보를 수집하고 철저하게 정세를 분석하는 빈틈 없는 준비로 압도적인 파워를 지닌 초나라를 대패시켰다. 진나라가 승리할 수 있었던 것은 병력보다는 시시각각으로 변화하는 흐름을 차분히 읽어 낸 정확한 판단력에 있었다.

"젊었을 때의 고생"은 시대를 뛰어넘는 진리다

이 장에 등장하는 주인공은 중이重耳이다. 이 인물 역시 '춘추
5패'의 한 사람으로 꼽히는 명군으로 진나라의 문공文公을 말한
다. 흔히 젊었을 때 고생은 돈 주고 사서라도 하라고 한다. 또
한 젊었을 때 남의 밥을 얻어먹어 봐야 한다는 등 젊은 시절의
인격 형성에 대해서 갖가지 의견들이 많다. 중이는 누구보다 젊
었을 때 고생을 많이 한 사람이다. 속세의 복잡하고 다양한 인생
을 살면서 쓴맛과 단맛을 모두 맛본, 시쳇말로 산전 수전 공중전
을 모두 겪고 삶에 대해 통달한 이상적인 인간상을 지닌 인물 중
의 하나이다.

몸을 괴롭히고 마음을 쓰는 고생이 두 번째 이야기의 주제이다.
진나라의 공자 중이는 정말 고생을 많이 한 사람이다. 지금으로부터 3천여 년 전에, 19년 동안이나 고생이란 고생은 모두 맛보았다. 그런 경험 덕분에 중이는 나라를 끝까지 지켜 내고 강대하게 만들었으며 자신을 대성시킬 수 있었던 것이다. 43세에 망명(조금도 젊지 않은 나이였다!)하고, 62세에 귀국하여 군주가 되고, 그리고 패자霸者(황제로부터 일정한 지역을 다스릴 권한을 부여받은 제후의 우두머리)가 되었다.

이번에 다룰 '성복의 싸움(성복은 지금의 산동성 견성을 말한다. 춘추 시대의 한 획을 긋는 중요한 전투로 진·제·송나라가 연합하고 초나라와 중원의 대부분의 나라가 연합하여 중원의 패권을 가리는 전쟁이다)'은 기원전 632년 초여름에 일어났다는 점을 특별히 강조해 두고 싶다. 인간이라는 것은 아니, 인간의 본성이라는 것은 예나 지금이나 별반 달라진 것이 없음을 염두에 둘 때, 중이의 도망과 방랑, 그리고 일국의 왕이 되기까지의 과정은 충분히 교훈이 되고도 남음이 있을 것이다.

"3사三舍를 피한다"의 전략적이고 본질적인 의미

진나라와 초나라에 의한 성복의 싸움은 일반 세상 사람들의 예상을 뒤엎고, 진나라 군대의 퇴각으로 시작되었다. 진나라의 문공(중이)은 초나라와 그 동맹군을 맞아 공격하지 않았을 뿐 아니라 의표를 찔러서 우선 '3사三舍를 피하여' 90리를 후퇴하여, 위나라의 성복에 진을 쳤다.

문공이 발한 군령軍令, '3사를 피한다'는 것은 상대를 두려워하여 멀리 피하고 자신을 낮추는 마음을 나타낸다. 즉, 대결하는 상대방과 3사三舍, 즉 군대의 3일간 행군 거리만큼 뒤로 물러나는 것이 이 말의 표면적인 의미이다. 하지만 사실은 좀 더 깊은 함축적이고 전략적인 의미를 지니고 있다.

역사상 최초로 이 말을 사용하고, 표면적인 의미가 아닌 전략적으로 말의 본질을 파악하여 전선에서 실행한 인물이 바로 고생을 많이 한 중이였다. 진나라 공자 중이의 도망과 방랑은 진나라의 상속 싸움과 후계자의 분규에서 기인한 길고도 긴 유랑 생활이었다. 중이는 진나라 헌공의 두 번째 공자로 이미 군주의 자리는 장남 신생申生에게 돌아가 있었다. 계승 순위로 따져 보면 중이는 그 다음 순번의 공자였다. 그런데 헌공에게는 이민족으로부터 상납을 받은 아름다운 공주들이 있었다. 그 가운데서도 특히 총애를 받은 여자, 여희가 있었는데 자기 아들을 왕위 계승자로 만들기 위하여 황태자인 신생을 모함했다. 결국 진헌공과 신생 사이를 악화시켜 신생은 자결을 하기에 이른다. 그 다음의 목표물은 중이였으며, 그 밖에 공자인 이오夷吾도 그 대상이 되었다.

그러한 진상을 알게 된 중이와 이오는 그 여자의 독수毒手로부터 몸을 지키기 위해서 황급히 나라를 떠나 유랑의 길에 올랐다. 중이의 나이 43세 때의 일이었다. 도저히 젊다고는 할 수 없는 나이였다. 왕실에서는 중이에게 17살 때 매우 우수한 교육 담당자를 붙여 주었다. 호언狐偃, 조쇠趙衰, 위무자魏武子, 사공계자司空季子, 개자추介子推가 그들인데 긴 유랑의 시절 내내 공자 중이를 지켜 준 인물들이다. 요컨대 4반세기 동안이나 이러한 지혜와 용맹을 겸비한 선비들이 중이의 주위를 굳건히 지킨 것을 보면 진나라 왕실의 상속 싸움이 얼마나 뿌리가 깊은 것이었나를 엿볼 수 있다.

중이는 거처하고 있던 표성으로부터 도망쳐서 우선은 적나라로 갔다. 이곳은 그의 어머니 호씨의 출신지여서 안심이 되었다. 중이는 이곳에서 한 처녀를 맞아들여 12년 동안이나 눌러 살았으나, 유감스럽게도 유랑의 몸에는 여러 가지로 불편한 일이 생기는 법이다. 나라와 나라의 힘 관계가 엉켜서, 느긋하게 한 곳에만 안주하고 있을 수가 없기 때문에 중이는 항상 무풍지대를 골라서 마치 범죄자처럼 도망치기에 바빴다.

이리하여 적나라에서 위나라로 옮겨 갔지만, 위나라 문공의 대접이 기대 밖이어서 서둘러 물러났다. 한편 제나라의 환공은 중이를 후히 예우하여 공주와 결혼시켜 주고, 20승 80두의 말까지 선사했다.

그것에 만족한 중이는 안주를 원했지만 여장부였던 공주의 주선으로 다시 조나라로 보내졌다. 조나라에서는 공공 共公 한테 무례한 대접을 받았지만 다음의 송나라에서는 다시 말 80두와 함께 환대를 받았다. 이렇듯 중이는 대소국 간의 권모술수에 희롱당하면서 유랑의 세월을 보내고 있었다.

특히 정나라의 문공은 무뚝뚝하고 무례했다.

"제후에서 몰락한 망명 공자 따위는 빗자루로 쓸어 버릴 정도로 우리 영토를 자주 지나간다. 어떻게 일일이 다 대접해 줄 수 있겠는가?"

중이는 정나라를 떠나서 초나라로 들어갔다. 그 뒤 중이는 19년간의 유랑을 끝내고 진나라를 마지막으로 귀국길에 오르게 되는데, 이야기는 이 초나라에서 전개된다.

완성되지 않은 큰 인물을 다루는 법

지금 곤경에 처해 있는 젊은이에게 대부호인 후원자가 원조를 한다. 이 젊은이는 거물이어서 장래에는 의심할 바 없이 출세를 할 것이다. 그러나 출세했을 때, 이 젊은이는 후원자에게 틀림없이 최대의 라이벌이 될 것이다.

믿음직하지만 동시에 앞날이 두려우니까, 그날을 위한 방책도 지금부터 강구해 놓아야 한다고 초나라 성왕 成王은 생각했다.

포나라를 비롯해서 적, 위, 조, 송, 정나라를 거쳐서 오랜 세월
과 간난 끝에 성왕을 의지하여 초나라에 다다른 중이를, 초나라
에서는 정중히 대접해 주었다. 내일의 '패왕霸王' 자리를 노리고
있는 성왕의 입장에서는 라이벌에게 은혜를 베풀 절호의 기회가
찾아온 셈이었다. 성왕은 중이에게 친절하게 대접해 주었다. 지
금으로 말하자면 국빈 대우에 해당될 것이다. 그리고 날마다 연
회를 베풀었다. 그러던 어느 날 초나라의 성왕이 연회 석상에서
중이에게 속삭였다.

"공자님, 당신은 얼마 뒤에 진나라로 돌아갈 몸입니다. 틀림
없이 국왕으로서 말이오. 그래서 말인데, 그때 지금 내가 당신
에게 베푼 은혜를 어떻게 보답을 하시겠습니까?"

난문難問 중에서도 난문이었다.

현재 분명히 한쪽은 외국 유학 중이어서 아직 장래의 일은 알
수 없는 무직위의 청년(꽤 나이를 먹은 청년으로, 여전히 왕의 자리를 상
속받지 못한 것만은 틀림없다)이고, 다른 한쪽은 남방 초대국을 턱으
로 움직이는 국왕임에 틀림없다. 후원자와 완성되지 않은 대기
大器(큰 그릇, 큰 인물), 이 두 관계는 보호자와 약자임에 틀림없지
만, 근본을 따져 보면 진나라와 초나라는 패권을 다투는 최대의
라이벌이었다.

심사숙고한 끝에 중이가 입을 열었다.

"은혜를 입어서 무사히 귀국을 하고, 그리고 진나라의 국왕이

되있다고 가징하고 밀하겠습니다. 장래의 일입니다만, 만일 귀국(초나라)과 진나라가 불행하게도 병거兵車를 이끌고 전장에서 마주보게 된다면, 나는 진나라의 군세에게 '3사를 피하라'고 엄명하겠습니다. 그래도 계속 군세를 뒤로 물리지 않고 상대를 하라고 명하신다면, 어쩔 수가 없습니다. 나도 왼손에는 채찍과 화살, 등에는 화살대를 매고, 당신과 힘을 겨룰 수밖에요."

초나라의 영윤(초나라 최고위의 집정관) 자옥子玉이 자기의 군주에 대해서 불손하다고 화를 버럭 냈으나, 성왕은 과연 큰 인물이라고 여기며 하늘을 후원자로 삼은 인물을 나무라지 말라며 중이를 진나라로 정중하게 보내 주었다.

'3사三舍' 란 옛 중국에서 군대가 3일간 행군한 거리를 말한다. 하루에 30리를 행군하여 숙박을 하게 되면 '1사一舍' 라고 하므로 3일간 진군하면 90리의 거리가 된다. 그 무렵의 1리는 358미터쯤 되니 환산해 보면 약 32킬로가 조금 넘는 거리가 된다.

아무튼 중이로서는, 양군 사이에 이 정도의 완충 지대를 두고, 그러니까 3일간의 시간을 제공하고서 상대방의 철군을 기다리겠다는 것이다. 유랑의 몸을 후원자에게 맡긴 상태에 있는, 내일을 알 수 없는 의지가지없는 떠돌이가 내뱉은, 자신의 상황을 돌아보지 않은 발언일지도 모른다. 3일의 유예를 줄 테니까, 머리를 식히고 잘 생각해 보라는 식의 그의 말은 분명 오만불손하고 무례하다고 욕을 먹음직하다.

살기 위해서는 이겨라, 그것도 압도적으로 이겨라

중이는 확실히 무례하고 불손했다. 그러나 19년에 이르는 유랑 생활은 한 나라의 공자로서는 상당히 가혹하고 고난에 찬 세월이었다. 그 과정에서 얻은 몸에 밴 고생은 살아 움직이는 지식이었다.

19년의 세월이 지나 본국으로 들어온 중이는 62세에 진나라의 문공이 된다. 하지만 운명은 짓궂게 그를 다시 번롱한다. 많은 신세를 진 초나라 성왕과 자웅을 겨루는 일전을 불사하지 않으면 안 되는 아이러니한 운명이 기다리고 있었다.

문공은 이제 옛날의 중이가 아니었다. 굶주림은 인간을 키우는 좋은 토양이라고 했던가. 오랜 유랑 생활은 문공을 확실히 연마하여 사리를 분명히 구별할 줄 아는 왕의 풍격을 갖추게 했다.

한번은 위나라에서 굶주림에 시달리고 있을 때 흙이라도 먹으라는 농부의 천대를 받은 적이 있었다. 신분의 의심을 받은 채 배고픔에 시달리고 있던 중이는 오록의 밭에 있던 농부가 흙덩이를 내밀자 노여움을 노골적으로 드러낸다.

"흙은 하늘이 내린 선물입니다."

뒤따르고 있던 자범(호언)의 말에 겨우 감정을 수습하고 그 흙덩이를 받아 수레에 실었다. 이 일화는 중이가 왕이 되기까지 겪은 수많은 일화 중에 그의 풍격이 형성되는 과정을 보여 주는 좋은 사례일 것이다.

재주와 지혜를 모두 겸비하게 된 문공은 귀국하자, 피폐한 국내 경제의 재건과 정치의 안정에 특히 주력하고, 국력의 회복과 강화를 도모했다. 그리고 그 국력을 배경으로 외부 세력 확장에도 손을 뻗게 되었다.

밖으로 눈을 돌리면 가까운 이웃 여러 나라와의 관계에 긴장감이 형성되는 것은 당연한 일이었다. 당시의 상황으로 비추어 볼 때, 강하게 발언하고 주장하고 나서는 것은 춘추의 패자가 되겠다고 선언하는 것이나 마찬가지였다. 적어도 그렇게 되고 싶다고 생각하면서 문공은 은밀히 기회를 엿보고 있었다.

'나라가 살아야 한다, 그리고 나라를 살려야 한다. 그러기 위해서는 우선 이기는 것, 그것도 압도적으로 이기는 것이야말로 사는 길이다.'

이러한 논리가 문공의 뇌리에 강하게 인식되고 있었다. 이것은 현대 산업 사회에서 기업이 살아가는 길과 확실하게 통한다고 볼 수 있다.

그렇다면, 패자란 무엇인가? 한마디로 즉답한다면, 지도자의 자리일 것이다.

춘추 시대 주나라 왕실은 점점 쇠퇴하고, 그를 대신하여 그 가신이었던 제후들의 세력이 무시할 수 없을 정도로 강해져서 발언에 무게가 실리게 되었다. 이러한 제후들 가운데 한 사람(한 나라)이 주도권을 장악하여 모든 중국 땅을 호령하고, 통일 행동과 통일 시책을 지령하여 실행하는 관행이 생겨나게 되었다. 이 지도자가 바로 패자인 것이다.

그리고 누구나(모든 제후국) 다 이른바 이 보스의 자리를 노렸다. 약 3백 년(기원 전 770~476년)간의 춘추 시대에 차례차례로 5명의 리더가 등장했기 때문에 이것을 '춘추의 5패'라고 부르는데, 진나라의 문공도 그 한 사람으로 헤아려지고 있다.

덧붙여 말하면, 5패를 얘기할 때 사상가나 역사책에 따라서 차이가 있어서 모두가 동일하지는 않음에도 불구하고, 제나라의 환공, 진나라의 문공은 누구나 다 포함시키고 있다. 나머지 3명의 자리에는 송나라의 양공, 진나라의 목공, 초나라의 장왕, 오나라의 합려, 월나라의 구천, 오나라의 부차 등의 이름이 번갈아 들어간다.

중이, 즉 진나라의 문공이 지도자의 자리를 원하고 있을 때 패자의 자리를 가로막고 서 있던 상대가 바로 실력으로 보아 당시 최강이라고 여겨지고 있는 초나라였다. 양국의 충돌은 불가피하게 보였다. 초나라의 성왕 역시 영토 확장 정책을 지향하여 머지않은 날에 패권을 잡으려 하고 있었다. 〈춘추〉는 성복의 싸움에 대하여 다음과 같이 기술하고 있다.

"희공 28년 봄, 진晉나라 후侯가 조나라를 침입했다. 그리고 진나라 후가 위나라를 공격했으나 초나라가 위나라를 구했다. 3

월, 진나라 후가 소나라에 들어가 조나라 백伯을 붙잡아서 송나라에게 넘겨주었다. 4월, 진나라 후와 제나라 군대, 송나라 군대, 진秦나라 군대가 초나라 사람과 성복에서 싸웠다. 초나라 군대가 패했다. 5월, 노나라 공公은 진나라 후, 제나라 후, 송나라 공, 채나라 후, 정나라 백, 위나라 자子, 거나라 자와 회담하고, 천토에서 동맹을 맺었다.”

여기서 말하는 공, 후, 백, 자, 남男은 5등급의 작위를 뜻한다. 주왕실에 의해서 각지에 봉해졌을 때, 제후의 신분과 속병, 세력과 지위 등을 확인할 수 있는 등급이었지만 그것조차 이미 권위를 잃기 시작했다.

여기서 앞에서 소개한 〈춘추〉의 기록을 근거로 사실을 규명해 나가기로 하겠다. 성복城濮이란 어떤 곳이었던가? 그곳은 진나라 문공의 중원中原 정복이라고 하는 세계 전략의 일환으로 편입되어 있었던 곳이다.

그렇기에 이곳을 차지하기 위해서 필요한 것은 구실, 즉 대의명분만 있으면 됐다. 진문공은 밖으로는 다른 제후국에게, 안으로는 국내의 민중을 납득시키기에 충분한 동기가 있었던 것이다.

사전의 철저한 수읽기가 승패를 좌우한다

성복의 싸움이 일어나기 1년 전에, 초나라의 성왕은 지도자 선언을 하기로 결심했다. 이전부터 그런 마음가짐으로 국내를 정비하고, 국제 관계를 자세히 관찰해 오던 성왕 역시 구실 만들기에 부심하고 있었던 것이다. 송나라의 이반을 허용해서는 안 된다.

초나라에 신하의 예를 갖추고 있는 위성국 중 하나인 송나라가 진나라의 위세에 굴복한 것은 용서할 수가 없었다. 성왕은 출병하여 정, 진, 채, 허나라 등의 위성국들도 출병하게 만들고 송나라의 수도 상구商丘를 포위해 버렸다.

"초나라 사람이 송나라를 토벌하고 민緡을 포위했다."

〈춘추〉는 이렇게 기록하고 있다.

송나라에서 진나라로 구원을 부탁하는 특사가 달려 갔다. 진나라에서는 송나라를 구할 방책을 둘러싸고 의견이 갈라졌다.

초나라는 강대한데다가 동맹 위성국을 많이 거느리고 있었고, 게다가 송나라와 진나라는 지리적으로 가깝지가 않기 때문에 먼 길을 달려가서 구원하려고 해도 병참 보급이 어려운 문제가 있었다. 이러한 이유로 결단을 내리지 못하는 상황에서 장군 호언이 글을 올렸는데, 거기에는 깊은 수읽기가 담겨 있었다.

"우선 조나라와 위나라로 진공합시다. 이것으로 송나라의 포위망이 풀어진다면 성공입니다.”

조나라와 위나라는 진나라와 송나라 사이에 끼워져 있는 위치에 국토가 있었다. 적의 동맹군에 비해서 전력이 뒤떨어지는 나라였으며 진문공의 유랑 시절 냉대를 받고 굶주림에 시달리게 했던 곳으로 여러 모로 무례하기 짝이 없었던 나라들이었다. 우선 이곳부터 때려 눕혀야 한다.

“초나라는 가까스로 조나라를 회유하고 위나라하고는 혼인을 맺었으니, 만일 우리 군대가 이 두 나라에 싸움을 걸면, 초나라는 동맹국의 의리로 구원하러 달려올 것이 분명합니다. 송나라를 포위하고 있는 군세를 이쪽으로 돌린다면, 우리 진나라 군대가 직접 군사 행동을 일으키지 않더라도 상구의 포위망은 풀어질 것입니다.”

이 전략에 따라서 진나라 군대는 전시 체제를 서둘러 갖추었다. 이제까지의 상하 2군을, 상중하 3군의 대편성으로 바꾸어 대국으로서의 당당한 편성을 끝내고, 동시에 중군에 최상위 원수元帥(3군의 총대장)를 두는 제도를 정립했다.

상대의 내부 모순을 찔러서 혼란시켜라

서로 기회를 엿보는 데만 1년이나 걸렸다. 드디어 진나라와 초나라에서 전쟁의 조짐이 무르익기 시작하더니 먼저 진나라가 움직였다.

진나라의 문공은 군대를 진나라와 위나라의 국경 부근에 집결시켰다. 조나라를 치지 않으면 안 되는데, 그러기 위해서는 위나라의 국내를 통과하여 군대를 이동시키지 않으면 안 되기 때문이다. 길을 빌려 달라는 것은 구실일 뿐 그 이면에는 초나라의 무례함을 따지려는 의도가 숨어 있었다.

동맹 관계에 있는 것도 아닌 나라의 군대를 국내에 자유롭게 통행시키는 나라가 있을 턱이 없다. 거절당하리라는 것을 처음부터 계산에 넣고 추진한 교섭이었다. 예상했던 대로 위나라의 거부 회답을 끌어냈을 때, 위나라도 역시 토벌을 해야 한다고 공론이 정해졌다. 이러한 외교 교섭의 교묘함은 현대 외교에서도 그대로 적용된다고 볼 수 있다.

진나라는 위나라를 쳤다. 옛날에 한낱 농부에게 흙덩이를 먹으라고 모욕을 당했던 위나라의 땅이었다.

"길을 우회해서 강을 건너 조나라를 침략하고, 이어서 위나라를 쳤다. 그리고 정월에 오록을 공격하여 함락시켰다(희공 28년)."

사태는 여기서부터 단숨에 급전개한다. 진나라의 문공은 적측의 내부 모순을 교묘히 찌르고, 망명을 다니던 무렵의 견문을 살려서 적국 내의 대민중 공작에서 성과를 올렸다. 그러자 위나라의 성공成公은 겁에 질려서 진나라의 문공에게 화의를 청하지만 때는 이미 너무 늦었다.

황급히 초나라에 구원을 청하려고 했으나 가신들의 마음이 성공에게서 떠나 버렸다. 위나라의 장로 회의는 오히려 국왕에게 수도를 떠나 망명해 줄 것을 요청했다. 내부 분열을 넘어선 붕괴 그 자체였다.

조나라의 공공共公은 포로가 되었다. 진문공은 간신들이 난무하는 조나라의 약점을 역이용하여 군대의 규율을 엄정하게 지키도록 했기 때문에, 조나라 민중의 지지까지 얻게 된 것이다.

초나라와 조나라, 위나라의 동맹 관계에 금이 간 것은 당연한 결과로 초반의 전투는 아무래도 진나라에 매우 유리한 형세로 펼쳐졌다.

기정 사실을 역이용하는 전술을 이용하라

진나라가 조나라와 위나라 2개 국을 함락시켰다고 하는데도, 초나라는 아직도 송나라의 상구를 계속 포위하고 있었다. 송나라는 진晉나라에 재차 구원 요청을 해 왔다.

춘추의 세력 판도로 볼 때 2개 국, 즉 제齊나라와 진秦나라라고 하는 제후국이 있었지만, 양국은 유리한 쪽에 붙으려고 형세를 관망하면서 움직이려고 하지 않았다. 진晉나라와 초나라가 싸울 때 이 양국의 동향을 무시할 수가 없는데, 굉장히 기분 나쁜 침묵이었다. 이 양국을 조정역으로 끌어내는 것이 좋은 계책이라고 진언한 것은 중군中軍의 장군 선진先軫이었다.

"송나라로 하여금 제나라와 진秦나라에게 도움을 청하게 하는 것입니다. 이대로 내버려 두면, 송나라는 어쩔 수 없이 그렇게 할 것입니다. 그러면 송나라의 풍요한 토지를 증여하도록 하는 것입니다. 그러면 양국은 초나라에게 철병을 요청할 것입니다. 한편으로, 우리 쪽은 이대로 조나라의 공공共公을 계속 구금하고, 조나라와 위나라의 토지를 송나라에 할양하게 하는 것입니다.

초나라의 입장에서 보면, 2대국의 조정을 무시할 수가 없지만, 동맹을 맺고 있는 조나라와 위나라의 토지가 송나라한테 점령당하고 있는 상태에서는 도저히 조정에 응할 수 없을 것입니다. 그렇게 되면, 제나라와 진秦나라 2대국의 입장은 어떻게 되겠습니까? 이미 송나라로부터 비옥한 토지라고 하는 맛있는 뇌물을 받아먹었으니까, 초나라한테 중개를 거부당하면 체면이 완전히 구겨지고 맙니다. 화가 나서 출병하거나 참전하게 되는 도식이 성립되는데, 어떻겠습니까?"

이 얼마나 깊은 수읽기인가! 동맹을 한 나라들의 보조가 맞지 않는 것을 돌파구로 삼아서 적측 내부에 혼란 상태를 만들어 내고, 그것을 역이용하는 책략은 예상대로 들어맞았다. 제나라와 진秦나라 양 대국은 진晉나라 쪽에 참전할 태세를 보여서, 진나라에게 한층 더 유리한 형세가 형성되어 갔다.

제, 진秦, 진晉나라의 실질적인 새로운 동맹 관계가 성립되었다는 소식을 듣고, 초나라의 성왕은 자국의 불리함을 깨닫게 되었다.

"중이(문공)한테 당했다. 상속권도 없는 차남이 유랑을 하면서 괴로움을 맛보고 간난신고한 끝에 제국의 실상을 다 파악하고, 사람의 속내를 알아채는 데도 정통하게 되었다. 더구나 임기응변의 정치 수완까지 갖고 있으니까 대응하기가 어려워졌다."

당장은 진나라와의 격돌을 피하고, 군대를 퇴각시켜서 한동안 상황을 살펴보자고 성왕은 말했지만 군대 쪽에서 납득하지를 않았다. 용장으로서 명성이 높은 무장인 자옥子玉 원수의 입장에서 보면 철수는 치욕 그 자체였다. 그는 제발 일전을 벌이게 해 달라고 간청을 했다.

승리를 위한 사전 공작을 부끄럽게 생각하지 말라

초나라의 성왕은 자옥 원수의 주전론主戰論에 동의하지 않았다. 그렇다고 해서 일방적으로 그 주장을 무시한 것도 아니었다.

일전을 벌이면 어느 쪽으로 유리하게 전개될지 알 수 없으나 이기면 다행이라는 정도의 심정이었다.

자옥 원수는 한 가지 계책을 생각해 냈다. 진나라가 응할 턱이 없는 가혹한 요구를 조건으로 내세우는 화해안을 제시하고 상구의 포위를 풀자는 것이었다. 그 조건이란 국외로 탈출해 있는 위나라 제후의 귀국을 허용할 것, 조나라가 잃은 토지를 회복시킬 것 등이었다.

진나라에서는 대응하기가 어려웠다. 송나라를 구한다고 하는 대의에서 본다면, 초나라의 화해안을 매정하게 거부할 수가 없었다. 화해안의 거부가 방아쇠가 되어 송나라가 멸망의 늪에 빠지기라도 한다면, 진나라는 신의를 저버린 나라로 다른 모든 나라들로부터 지탄을 받게 될 것이다.

진나라에서 대신 선진先軫이 이면공작을 시작하자는 제의를 했다.

"은밀하게 조나라와 위나라 양국을 용서해 줍시다. 용서하는 조건은 초나라와의 단교입니다."

선진의 수읽기는 자옥의 수읽기를 훨씬 능가하는 것이었다.

그는 국제 정세의 국면 전체를 균형 있게 통찰하고 있었다. 제나라와 진秦나라, 진晉나라와 초나라, 조나라와 위나라, 그리고 송나라 등의 여러 나라들이 어지럽게 뒤섞여서 싸우는 가운데, 외교 면에서 곤경에 빠져들게 될 것 같은 진나라를 구하고, 송나라로부터 원망을 듣는 일도 없이, 초나라와 조·위나라의 동맹

관계를 휴지 조각으로 만들어 버려서 초나라를 고립시키는 묘수
였다.

상황은 선진의 의도대로 진행되었다.

이제 진나라와 초나라의 격돌은 필사적이었다. 자옥 장군이
이끄는 초나라 군대와 그 동맹군은 조나라의 도구로 군세를 진
격시켜 왔으나, 이것은 이미 표면상의 대치 외에 아무것도 아니
었다. 교전하기 이전 단계에서 이미 승부가 나 있었다. 진나라
에 의한 주도면밀한 사전 공작은 이미 완료되었기 때문에 더 할
수 없는 허망한 일전이었다.

약자는 항상 기습을 노려야 한다

싸움은 우선 의표를 찔러서, 진晉나라 군대의 총퇴각부터 시
작되었다. 문공은 상대방과 맞서 싸우지 않을 뿐만 아니라, 위
국 내까지 철수하라고 군령을 발했다. 왜 도망치는 거지? 진나
라 진영에서는 모두들 어리둥절해졌다. 이 기괴한 사태는 도대
체 무엇이란 말인가?

그러자 호언狐偃이 모든 병사들에게 그 이유를 설명했다.

"싸움이라는 것은 정의正義가 있어야만 전군의 사기가 올라
가는 법이다. 대의가 없는 싸움에서는 병사들의 사기가 오를 리

없다. 애당초 우리 주군께서 그 옛날에 유랑과 망명 생활을 하실 때, 초나라의 성왕에게 입은 은혜가 이루 헤아릴 수 없다. 그렇기 때문에 옛날의 약속대로 우선은 '3사를 피하신 것'이다. 이것으로 초나라에게 옛날에 입은 은혜를 갚은 것이다. 만일 이렇게 하지 않는다면 정의는 초나라에 있으며, 우리 진나라는 대의가 없다고 비난을 받게 될 것이다. 그래서 진나라가 3사, 즉 90리를 물러났는데도 초나라가 철군에 동의하지 않는다면, 초나라는 무법자, 불한당이 되기 때문에 우리에게는 그들을 공격할 명분이 주어지는 것이다. 그때야말로 공격을 해야 할 때인 것이다."

3사三舍, 즉 90리의 거리를 뒤로 물러나서 진나라 군대는 위나라 내의 성복에 진을 쳤다.

진나라 군대가 철수했기 때문에, 초나라의 병사들은 자신들의 군대로서도 면목이 섰다고 생각했다. 새삼스레 다시 추격해야 할 이유가 없어졌는데 자옥 장군 한 사람만 계속 싸우려고 했다. 단숨에 결말을 내버리겠다며 자옥은 전진을 명했다.

성복에는 진나라 군대 외에 제, 진秦, 송나라의 군세도 증원부대로 달려왔다. 모두 사기가 고양된 정병들이어서, 초나라 군대와 일전을 벌이는 데 부족함이 없는 정연한 대군이었다. 진나라의 문공은 초나라가 베푼 옛날의 은의를 말하고, 그래도 계속 도전해 오는 자옥에게는 용서하지 않겠다는 말을 전했다.

4월 4일, 싸움은 성복의 남쪽에서 시작되었다. 초나라 장군 자옥은 군대를 중, 좌, 우군의 3군으로 편성한 뒤, 주력을 중군에 두고 직접 지휘를 했다. 한편 우군은 진陳나라와 채나라의 연합군으로 편성되어서 전투력이 빈약했다.

싸움이 시작되자 즉시 진晉나라 하군의 부장 서신胥臣이 전차를 끄는 말에 호피虎皮를 입혀 초나라의 우군에 기습 공격을 가하자, 진과 채나라의 연합군은 금세 무너져 버렸다. 진晉나라 상군의 대장 호모狐毛는 대장기를 눈에 띄도록 전차 위에 높이 세운 채 퇴각하는 모습을 보이고, 하군의 대장 란지欒枝도 전차를 끄는 병사들에게 수목을 질질 끌어서 흙먼지를 일으키면서 패주하는 모습을 연출시켰다.

이것이 계략인지도 모르는 초나라 장군 자옥은 좌군에 진격을 명했다. 여기서 진晉나라의 중군은 대장 선진의 지휘 아래 초나라 군대를 측면에서 공격했다.

한편, 방향을 바꾼 호모와 호언이 지휘하는 상군이 반격을 개시했다(진나라 대 초나라 ; 성복의 싸움 형세도 참조). 초나라의 좌군은 앞뒤에서 적의 공격을 받아 퇴로가 막혀 버렸다. 그래서 거개가 섬멸당한 초나라 군대는 극소수가 도망을 쳤는데, 이미 군세라고 부를 수 있는 상태가 아니었다.

이 일전에서 대승을 거둔 진나라 군대는 전차 1백 대와 보병 1천 명을 포획하였고, 패전한 초나라 원수 자옥은 죄를 두려워하

地圖
성복의 싸움 형세도

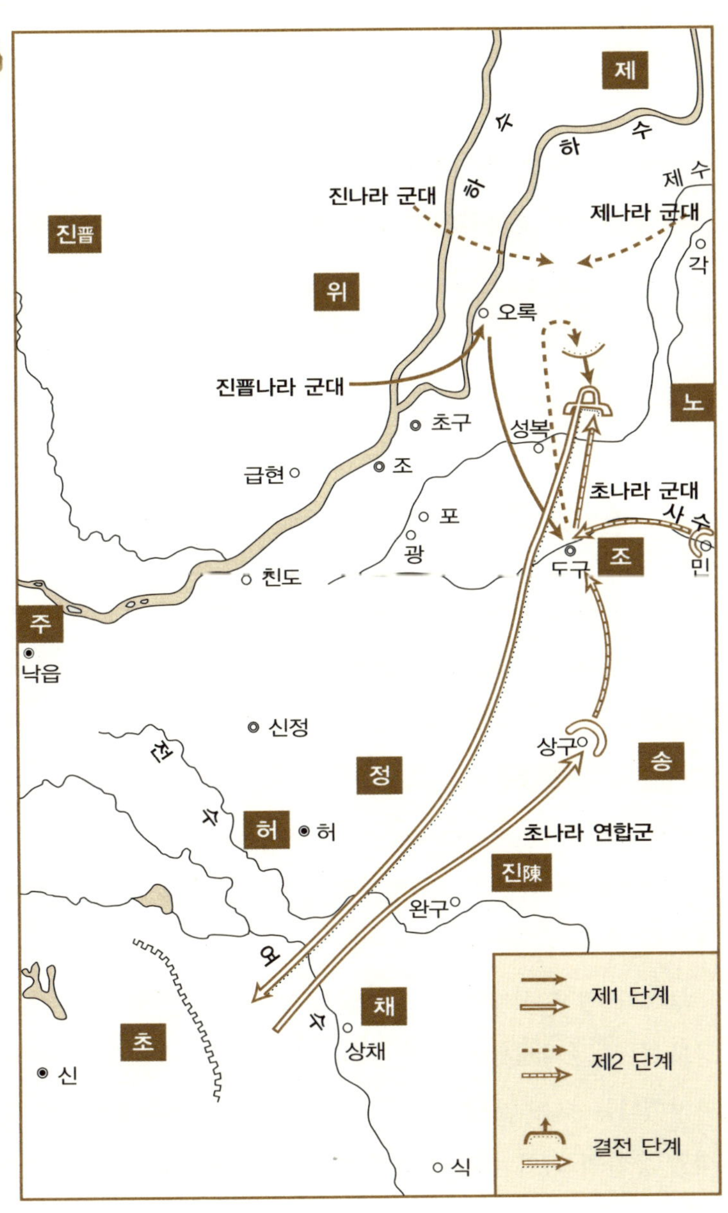
제
진晉
위
진나라 군대
제나라 군대
제 수
각
오록
노
진晉나라 군대
초구
성복
급현
조
초나라 군대
사 수
포
광
조
두구
민
친도
주
낙읍
신정
상구
송
정
허
허
초나라 연합군
진陳
완구
오
채
초
상채
수
신
식
제1 단계
제2 단계
결전 단계

여 자살했다. 싸움이 끝나자 진나라의 문공은 전토에 제후를 모아놓고 평화를 서로 맹세하게 하였는데, 주나라의 왕실에서는 양왕이 대신을 파견하여 이 회맹에 대한 권위를 부여해 주었다. 그리고 문공이 초나라의 포로와 병거를 양왕에게 헌상하자, 양왕은 문공에게 명하여 맹주盟主로 삼았다. 이것에 의해서 문공은 명실상부 '패자'의 자리에 오르게 되었다.

'덕'은 '힘'을 이긴다

성복의 싸움은 춘추 제후들의 힘의 균형을 뒤엎어 버린 결정적인 세기의 일전으로 상징적인 전쟁이다.

압도적인 힘을 자랑하던 초나라가 대패하고 열세로 보이던 진나라가 승리한 것은, '덕으로 공격했기' 때문이라고 하는 후세의 평도 따른다. 옛날에 입은 은혜를 병사들에게까지 이해시키고, 점령한 도시를 다스림에 있어서도 '덕'을 근간으로 선정을 베푼 민심 수습책의 승리라는 것이다.

그러나 실제 사정을 깊이 파고들어가 분석을 해보면 초반의 정보 수집 단계에서 이미 선수를 치고 풍부한 정보를 냉정하게 파악했다는 것을 알 수 있다. 여기서 중이의 19년이라는 기나긴 세월 동안의 국외 유랑이 참으로 귀중한 재산이 되었다는 것을 간과해서는 안 된다.

더 나아가서는 외교전에서 보인 판단력과 빠른 행동력, 민첩한 전개는 우호국을 만들어 나가기에 충분했고 초나라를 바로 고립시킬 수 있었다. 그리고 '3사를 피하는' 묘계에 의해서, 당시 국가 분쟁에서 무엇보다 중요한 대의를 손에 넣을 수 있게 된 것이다. 물론 적의 약점을 정확하게 파악하여 재빨리 그 부분부터 무너뜨려 나가는 실전에서의 판단이 좋았던 것도 승리할 수 있었던 원인의 하나가 되겠다.

"인정의 기미까지 몸에 익혀서 대성할 수 있었다!"

초나라의 성왕이 이렇게 탄식했을 때, 성왕은 이미 패배를 의식했음에 분명하다. 그리고 오래전에 중이에게·했던 "나중에 은혜를 갚아 주기 바란다"는 농담을 머릿속에 떠올렸을지도 모른다.

제三장

반드시 패한다 이상만을 추구하면

용의주도한 모략과 계략으로 승리한

장평의 싸움(진나라 vs 조나라 ; 기원전 260년)

현명했던 염파 장군의 자리를 꿰찬 조괄은 이론적으로는 누구 못지 않게 박식했지만 실전 경험이 전혀 없었다. 장평에 도착한 조괄은 적의 전술인지도 모르고 무조건 공격 명령을 내렸고 가차 없이 진나라의 백기 장군에게 당하고 만다. 탁상공론만 내세우는 군사 전문가의 비참한 실패와 도리를 얘기할 뿐 실제를 중시하지 않는 리더의 현실을 여실히 보여 주고 있다.

지도자들의 마음을 사로잡는 요사스러운 욕망, '독점'

춘추春秋 시대 다음으로 오는 것은 전국戰國 시대로, 시대의 분류 방법에는 다소 의견 차이가 있다.

공자의 저서 〈춘추〉의 연대를 근거로 하여 기원전 481년을 기준으로 나누자는 의견과, 사마광의 〈자치통감〉이 서술을 시작한 해, 즉 기원전 403년, 진나라가 한, 위, 조나라의 3국으로 분할된 때부터 전국 시대라고 하자는 의견, 그리고 주왕실의 경왕敬王이 사망한 475년을 경계로 삼자는 의견 등이 분분하다.

여하튼 시대는 시간이 흐르면서 함께 변해 가고, 사회 경제력이 발전해 가면서 전쟁 기술과 무기도 변모를 거듭해 갔다. 이러한 시대적 상황을 배경으로 국가의 모습도 나날이 바뀌어 갔다.

춘추 시대 도시 국가에 의한 국가 합병을 위한 계속되는 전쟁을 거쳐서 전국 시대가 되자, 7개의 대국과 얼마 안 되는 소국이 남아 있는 상태가 되었다.

7개의 대국 가운데 제, 초, 연, 진秦나라는 옛날부터 이어져 오고 있는 국가였으나 한, 위, 조나라는 진晋나라가 세 개로 갈라져서 생겨난 새로운 국가였다. 새로운 3국은 각각 다른 경제 기반을 갖고 있었는데 이 7개의 대국을 역사에서는 '전국7웅戰國七雄'이라고 부른다.

독점獨占은 어느 시대에나 지도자들의 마음을 사로잡는 요사스러운 꿈일 것이다. 바로 눈앞에 독점할 수 있는 상황이 펼쳐졌을 때, 아주 조금만 노력하면 쟁취할 수 있을 것 같을 때, 아니 다소 무리가 있더라도 할 수만 있다면 욕망을 채우려고 그 꿈을 실현하기 위해 달려들게 된다.

좀 더 많은 땅을, 좀 더 많은 인구와 조세를 탈취하기 위하여 7개의 대국 사이에서는 끊이지 않고 전쟁이 벌어졌다. 춘추 시대와 비교해 볼 때 전쟁의 규모가 한층 커지고 더욱더 격렬해졌다. 전략과 전술은 물론 무기를 비롯한 전쟁에 관한 전반적인 일들이 진보와 발전을 이루었다.

춘추 시대에는 전차 1승을 중심으로 하는 1개 전투 집단이 최소 단위로 교전했다. 즉 전차전이 주력이었으나, 전국 시대에 들어서면서 무기의 진보, 특히 용수철에 의해서 발사하는 사정 거리가 긴 기계 장치인 석궁이 발명되어, 백 보 이상 떨어진 곳에 밀집해 있는 전차의 진열도 적중시킬 수 있게 되었다. 그래서 견고하고 거대한 전차도 그 위력을 발휘할 수 없게 되었다. 그러다가 점점 전차전戰車戰은 사라지고 보병과 기병을 주체로 하는 야전野戰으로 바뀌어 갔던 것이다.

대국 진晋나라는 영토 내의 북방에 상당군上黨郡(현재의 산서성 장치 부근)이라는 풍부한 목초 지대가 펼쳐져 있어서 군마와 기마 훈련에 적합한 지역을 갖고 있었다. 그리고 남방에서는 철을 생산하는 산계山系를 확보하고, 당계棠溪라고 하는 무기 생산지도 소유하고 있었다.

또한 해주라고 하는 유명한 소금 산지도 수도 근처에 있었는데 소금은 내륙의 염지塩池에서 산출되는 굵은 결정염이었다. 그 풍부한 소금이 여러 나라, 특히 진秦나라가 침략하려던 주요 원인이 되었으며, 전술과 전략의 변천에 깊이 관여하게 되었다.

춘추 시대에는 전쟁에 투입하는 병사들이 많은 경우라도 수만 명에 지나지 않았으며, 그 대부분의 전쟁은 하루나 이틀에 승패가 결정되는 것이 보통이었다. 그래서 패배한 쪽의 군대는 추격당하는 일 없이 그냥 패전하는 것이므로 살상을 당하거나 포로가 되는 일은 극히 드물었다.

그러나 전국 시대에는 교전국이 전장에 투입하는 군대가 8만이나 10만 명, 더할 경우에는 수십만 명에 이르는 일도 있었다. 전쟁의 승패가 결정되는 것도 수개월, 수년이 걸리는 경우도 있었다.

이 장에서 소개하는 '장평의 싸움' 역시 명장 염파廉頗장군이 3년에 걸쳐서 상당군을 굳게 지키고 있었다. 역사에 '만약'이라는 것은 없지만, 그래도 만약 염파장군이 경질되는 일 없이 그대로 전선에 있었다면 역사가 어떻게 되었을까, 하는 생각이 들기도 한다. 여하튼 하나의 싸움에서 종종 수만 명, 때에 따라서는 수십만 명의 사람들이 살상되거나 포로가 되었다.

〈사기〉의 열전에는,

"백기白起장군은 용병에 뛰어나서, 한나라와 위나라를 이궐(하남성 낙양 용문)에서 공격하여 24만 명의 목을 베었다… 화양을 함락하여 13만 명의 목을 베고, 조나라의 가언과 싸워서 그 병사를 2만 명이나 황하에 가라앉혔다… 오성시를 함락하여 5만 명의 목을 베었다"

라고 기록되어 있다.

〈사기〉는 문학적인 과장을 철저히 배제한 순수하게 역사만 기록한 책이다. 춘추 시대에서 전국 시대로 넘어가면서 모든 것이 시간과 함께 크게 변모해 갔던 것이다.

조趙나라의 효성왕孝成王 6년(기원전 260년, 상대국 연호로 말하자면 진秦나라의 소왕昭王 47년), 진나라와 조나라 사이에 발발한 장평(현재의 상서성 고평의 서북)의 싸움이야말로 전국 시대의 전쟁 중 아니, 중국 전쟁사의 걸작이며 중국 역사상 최초이자 가장 대규모직인 섬별전이자 포위전의 기록을 세웠다고 할 수 있다.

여기서 효성왕이라 하고, 소왕이라고 하는 '왕王'의 호칭에 주목해 주기 바란다. 춘추 시대에는 주왕실로부터 임명을 받아 파견되는 토지 관리자, 혹은 왕권 집행의 대리인으로서 '제후諸侯'라는 개념이 있었을 뿐이다.

제후들은 왕실로부터 받은 공, 후, 백, 자, 남의 작위를 세습하여 왕실의 권속眷屬 내지는 낭당郎黨이라는 것에 만족하고 있었다. 그러나 전국 시대에 들어서면서 군주들은 '왕'을 자칭하고 나섰다. 그러니까 주왕실과의 상하 관계를 거부하고 독립적인 행동을 표명하기 시작했던 것이다. 원하는 것이 있으면 자신의 힘으로 쟁취하면 되었다.

전국 시대에는 이러한 사례를 얼마든지 찾아볼 수가 있다. 각 나라들의 경제적 발전 정도를 계산에 넣으면서 이해관계를 염두에 두고 현명하게 처리를 해 힘만 키우면 왕권을 탈취할 수 있었다.

덧붙여 말하면, 진秦나라에서 왕이라는 호칭을 사용한 것은 혜문군 13년(기원전 325)이며, 한나라도 선혜왕 때부터 왕의 호칭을 사용했다. 그러나 제나라의 위왕과 위나라의 혜왕이 왕을 호칭한 것은 이것보다 9년이나 앞선 일이었다.

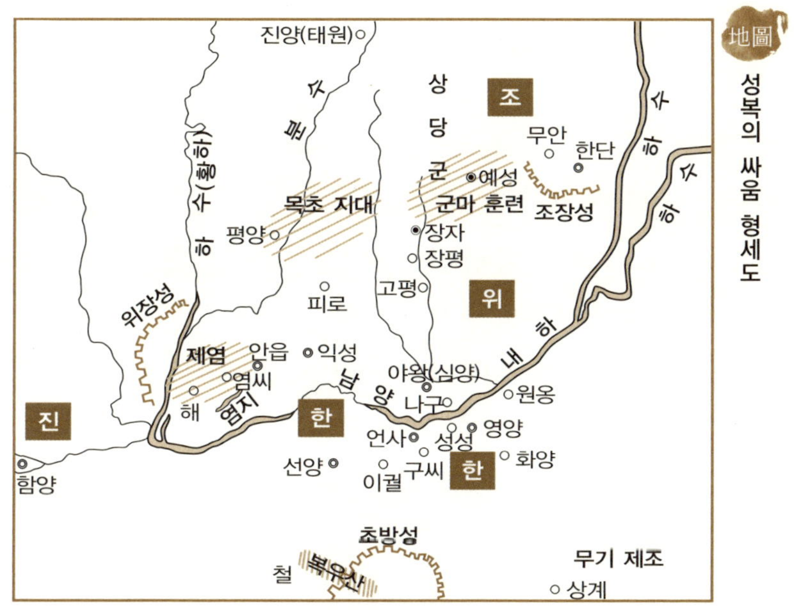

공짜에는 반드시 속내가 있다

진秦나라는 본래 현재의 섬서성 부근에 있었다. 사회·경제적 발달이 늦은 나라였는데 기원전 4세기 중엽, 효공孝公(기원전 361~338년 재위) 이 상앙商鞅(위衛나라 출신으로 형명학刑名學에 조예가 깊은 정치가)을 기용하여 법제 개혁을 실행하고 나서부터 나날이 부유해지고 강대해져 갔다.

그때부터 진나라는 끊임없이 출병해서 동쪽의 나라들을 공격하고, 기원전 3세기 말엽에는 이미 전국 7웅 가운데서도 가장 강대한 봉건 국가로 자리매김을 하였다.

기원전 262년, 진나라의 소왕昭王(기원전 306~251년까지, 56년간 재위)은 범수范雎의 '원교근공책遠交近攻策', 즉 멀리 떨어진 나라들과는 평화 외교를 수립하고, 가까운 나라들을 협공하여 공략한다는 책략을 세웠다. 우선 그 일의 시작으로 대군을 동원해서 이웃 한나라의 야왕野王(현재의 하남성 심양현)을 공격하여 한나라를 중앙으로부터 두 동강이를 냈다. 한나라의 환혜왕은 진나라가 더 깊숙이 쳐들어오는 것을 두려워하여, 상당군을 진나라에 헌상하고 강화를 청하려고 생각했다.

이 부근 일대는 하늘과 함께하는 땅이라는 아름다운 이름을 가진 상당군이라는 땅으로 목초가 무성하게 자라나 있어서 마필의 훈련에 적합한 광대한 토지였다.

그러나 상당군의 태수 빙정憑亭은 별도의 계략을 갖고 있었다. 환혜왕이 거처하고 있는 수도 정鄭과의 교통이 두절되어 버린 벽지의 상당군을 맡고 있는 현지의 총책임자로서 나름대로 현장에 대한 판단력을 지니고 있었던 것이다. 빙정은, 상당군은 진나라가 아니라 땅을 접하고 있는 조나라에 헌상하는 쪽이 낫다고 주장했다. 그렇게 하면, 진나라와 조나라의 이해 대립을 첨예화시켜 진나라의 공격 방향을 조나라로 향하게 하고, 한나라에 대한 진나라의 군사적 압력을 틀림없이 경감시킬 수 있을 것이라는 얘기였다. 또한 조나라와 한나라의 우호가 촉진되어 한·조의 연합으로 진나라의 침공을 막을 수 있다는 것이다.

이렇게 해서 빙정은 조나라에 사절을 파견했다. 상당군의 17개 성시城市를 포함한 모든 토지를 공짜로 조나라에 편입하겠다는 말을 듣고, 효성왕孝成王이 크게 기뻐한 것은 두말할 것도 없다.

그러나 조정의 대신들 사이에서는 의견이 분분했다. 평양군의 표豹가 이유 없는 이익을 얻는 것은 커다란 화근이 될 것이라고 반대했다.

그러나 효성왕은 단념할 수가 없었다. 때마침 평원군이 눈앞에 와 있는데 이익을 버려서는 안 된다고 평원군이 진언을 했고, 왕은 기다렸다는 듯이 그 말을 덥썩 받아들였다.

"백만의 군대를 동원하여 수년간에 걸쳐서 싸워도 한 개의 성시를 손에 넣기도 힘이 듭니다. 그냥 앉아서 17개 성시를 갖게 되었는데 그 이익을 놓쳐 버릴 수는 없습니다."

조나라는 군대를 동원하여 상당군을 접수했다.

병력을 동원하여 손에 넣으려고 했던 먹을거리를 새치기당한 진나라 왕이 가만히 있을 리가 없었다. 즉각 행동을 일으킨 진나라는 좌서장左庶長(진나라의 관작으로 다른 나라의 경에 해당한다)인 왕홀王齕을 파견하여 병력을 이끌고 상당군을 공략하라고 명령했다.

상당군에 주둔하고 있던 조나라 군대의 병력은 극히 소수여서, 진공해 온 진나라 군대를 견뎌 내지 못하고 패주한 뒤, 장평까지 후퇴하여 방어선을 쳤다.

강자에게도 약점이 있고, 약자에게도 무기가 있다

조趙나라 왕은 진秦나라 군대가 동쪽으로 향해 진격 중이라는 소식을 듣자, 명장 염파廉頗에게 급히 명령을 내렸다. 대군을 이끌고 장평으로 가도록 지시하고 진나라 군대의 침공을 막게 했다.

조나라에서 상경·대장군을 지낸 염파는 당대의 조사趙奢와 더불어 조나라가 낳은 골수의 무인으로 전쟁 기술에 정통한 전문가였다. 제나라를 공격하고 위나라를 격파하고, 공방 야전에 큰 공을 세워 위기에서 국가를 구해 왔다고 자부하고 있었다.

그래서 왕의 곁에 있으면서 정치와 외교, 국제 전략까지 참견을 하는 린상여藺相如가 그보다 상위에 임명되었을 때, 염파의 불만과 노여움은 심상치 않은 것이었다. 명옥 '화씨의 벽('완벽完璧'이라는 말의 어원으로 흠 하나 없이 완전무결한 옥玉이라는 의미)'을 진나라에서 무사히 가지고 돌아온 것을 가지고, 무슨 공적을 쌓았다고 하느냐는 식으로 평가했음에 틀림없다.

　타고난 무장 염파는 장평을 굳게 지켰다. 상당군의 백성들은 조나라의 영지 내로 도주하여 전란을 피하는 등 우왕좌왕했지만, 염파는 상당군의 병사, 백성들과 잘 호응해서 지켰다. 진나라 군대가 한나라의 상당군 포위망을 구축하고 나서부터 3년이라는 기나긴 세월을 지켜 낸 것은 염파 장군의 공적임에 틀림없었다.

　그러나 진나라는 상당군을 포기하지 않았다. 진나라 47년(기원전 260년) 4월, 진나라 군대가 쳐들어오자 조나라 군대는 우선 진나라의 성찰 부대를 공격했다. 조나라의 군사 정세를 탐색하기 위해 파견된 소수 정예의 이 정찰 부대는 거꾸로 조나라 군대를 격파하고, 조나라의 부장 가茄를 베어 죽였다.

　이어서 6월, 진나라 군대는 다시 조나라 군대를 격파하여 조나라의 2개 성, 도위성(지금은 조동성이라고 부른다)과 각성을 점령하고, 조나라의 군관 4명을 포로로 붙잡았다. 7월에 들어서자, 조나라 군대는 더 이상 출격하려고 하지 않고 견고한 보루를 쌓고 이것을 지켰으나, 진나라 군대는 성채에 맹공을 가하고, 또다시 군관 2명을 포로로 생포했다. 그리고 조나라 군대의 진영을 돌파하고 다시 그 서쪽 진지를 점령해 버렸다.

　진나라는 강하고, 조나라는 약했다. 그것은 누가 보더라도 명백한 사실이었다. 그러나 강한 진나라에게도 약점이 있고, 약한 조나라에게도 전혀 승산이 없는 것은 아니었다. 먼 곳에서 원정을 온 진나라 군대는 언제까지나 그곳에 머물러 있을 수가 없기 때문에, 앞뒤 가리지 않고 속전속결을 추구하지 않으면 안 되었다.

전쟁이 속전속결로 진행되면 그 강함을 충분히 발휘할 수 있었지만, 만일 싸움이 길어진다면 식량 보급과 그 밖의 여러 가지 면에서 조나라 군대에 비해 불리해지는 것은 당연한 일이었다. 게다가 원정을 온 이상 진나라 군대라 할지라도 언젠가는 철수할 것이 틀림없고, 철수할 때 한순간의 허점을 노려서 공격을 한다면, 진나라 군대를 분쇄하는 것도 반드시 꿈만은 아닌 것이었다. 경솔하게 싸우는 것은 조나라에게 불리하니까, 당장 싸우지 않는 것이야말로 지극히 유리한 책략이었다.

염파는 그런 판단에 의거하여(이 얼마나 싸움이라는 것에 통달한 훌륭한 판단인가!) 방비를 굳히고 오로지 지키기만 하고, 출격하여 교전하는 것을 피하도록 명령했다. 진나라 군대의 끊임없는 도전에도 불구하고 염파는 끝까지 응하려 하지 않았다. 이렇게 해서 염파는 장평을 3년 동안이나 내내 지켜 냈던 것이다.

그런데 탐나는 광대한 토지와 17개의 성시가 공짜로 손에 들어오는 것밖에 생각하지 않던 조나라 왕은 염파가 겁쟁이여서 싸움을 두려워하고 피하는 것이라고 믿고, 계속해서 염파를 책망하고 싸우라고 독촉했다. 싸움을 오래 끌수록 비용이 많이 드니까 가능한 한 절약을 하고 싶었던 것이다.

모든 병사들을 총동원하여 먼 곳까지 원정을 보낸 진나라의 소왕은 장평을 쉽게 공략할 수 없다는 것을 알고 있는데다 소모전만 길어지자 점점 짜증이 더해갔다. 기대가 컸기에 그 만큼 실망 또한 컸다. 왕은 이윽고 재상 응후(범수)의 '반간反間(이간)계(적국을 혼란시키는 언동을 하는 계략)'를 채용하여, 뇌물로 쓸 천금千金(거액의 돈)을 들려서 조나라의 수도 한단으로 간첩을 밀파했다.

간첩은 조나라 왕의 측근들에게 뇌물 작전을 쓰는 동시에, 사람들 사이를 갈라놓고 맹우(굳게 맹세하여 맺은 친구)의 인정과 의리를 끊어 놓는 유언비어를 퍼뜨렸다. 잘 알다시피, 뇌물이나 유언비어는 교묘히 잘 처리하기만 하면 언제든, 어디서든 절대로 유효한 수단이 되었다.

"염파가 나이를 먹더니 겁쟁이가 되었다. 머지않아 진나라에게 항복을 할 것이다. 그래서 염파 같은 것은 문제가 아니다. 진나라가 가장 두려워하고 경계하고 있는 것은 저 유명한 장군 마복馬服(조사)의 아들 조괄趙括이 장군으로 임명되어 부임하는 것 뿐이다."

유언비어는 조용히 깊게 침투해 들어갔다.

그렇지 않아도 염파는 겁쟁이라고 화를 내고 있던 터에 진나라 상층부의 속내가 거기에 있다는 유언비어를 듣고, 조나라 왕은 모략 선선에 손쉽게 걸려들고 말았다. 그래서 염파를 즉각 소환하고, 그 대신에 경험이 없는 조괄을 파견하여 장평에서의 싸움을 지휘하게 했다.

젊은 엘리트의 자신감은 오히려 위험할 수 있다

본래 청렴하고 강직한 징세 관리였던 조사趙奢(마복)는 장군이 되자 군대의 규율을 바로잡고 진나라와의 오랜 싸움에서도 전공을 올렸다. 그는 선대의 혜문왕으로부터 마복馬服이라는 호를 하사받고, 조나라에서 린상여와 동등한 지위의 중신이 되었다.

그러나 조나라와 진나라가 장평에서 대치하고 있을 때에는, 조사는 이미 사망했으며 린상여 또한 병중이고 해서, 조나라에는 믿을 만한 인재가 없었던 것이다.

명장의 아들이 반드시 아버지의 기량을 계승한다고는 단언할 수 없다. 그런데 조사의 아들 조괄은 어릴 때부터 아버지 밑에서 군사서를 많이 독파하여 병법을 몽땅 배워서, 용병술과 전투의 도리에 대해서까지 일일이 사리에 맞는 설명을 할 수 있었기 때문에, 스스로를 군대의 전략에 대해서 천하제일이라고 생각하고 있었다.

어렸을 때부터 학원에 다니면서 시험 치는 기술만 배운 엘리트 후보가 자칫 자신을 선택받은 인간이라고 믿어 버리기 쉬운 것과 같다고 말하면 혹평일까? 한번은 아버지 조사와 아들 조괄이 군대 문제에 대해 논쟁을 벌였는데 끝내 아버지는 아들을 설복할 수가 없었다.

그러나 조사는 분명히 알고 있었다. 괄은 호언장담만 하고 있을 뿐 알맹이가 전혀 없다는 사실을 말이다. 조사는 전에 괄의 어머니, 즉 자신의 아내에게 이런 심정을 털어놓은 적이 있었다.

"싸움이라는 것은 생사의 존망이 걸린 대사건이네. 그런데 저녀석은 저렇게 가볍게 입에 담고 있어. 앞으로 우리 조나라가 괄을 장군으로 삼지 않으면 좋겠지만, 만일 저 녀석을 장군으로 삼는다면 틀림없이 조나라 군대를 몰살의 위험에 빠뜨리게 할 것일세."

그런데, 이번에는 조나라 왕이 정말로 조괄을 기용하여 대장으로 삼겠다고 하는 것이다. 승상인 린여상이 황급히 진언하여 인사에 대하여 극구 반대를 하고 나섰다. 적국의 스파이가 흘린 역정보와, 수재의 소문 일색인 명성만으로 싸움에 승산이 있을 리가 없다는 것이었다.

"명성만으로 조괄을 기용하시는 것은 거문고 기둥을 아교로 붙이기만 하고서(교주고슬膠柱鼓瑟을 가리키는 말로 고지식하여 조금도 융

 거문고를 타는 것과 같습니다. 조괄은 다만 아버지가 써 놓은 군사 병법을 읽을 수 있는 것 뿐입니다. 전장의 실제 변화에 따라서 그 병법을 임기응변으로 활용할 수 있는 능력은 없는 자입니다.”

조나라 왕은 귀를 기울이지 않았다. 조괄의 어머니까지 왕에게 상서하여 조괄을 대장으로 기용함으로 국가의 대사를 그르치는 일이 없게 해 달라고 탄원했다.

“제 남편 조사는 장군이었지만 부하들과 격의 없이 사귀고, 상하의 거리 같은 것을 두지 않았으며, 국왕께서 은상을 내리시면 모두 부하들에게 나누어 주었습니다. 또 출진 명령을 받으면 집안일 같은 것은 물어보려고 하지도 않았습니다. 그런데 아들 괄은 장군으로 임명되자 목에 힘을 주고 으스대며 사람들을 압도해서, 군관이나 장교들은 아무도 머리를 들고 그 아이를 보려고 하지 않습니다. 누구에게도 존경을 받지 못하고 있습니다. 국왕께서 하사하신 금과 비단을 전부 집에 챙겨 두고, 값이 나갈 것 같은 토지나 가옥을 물색해서 부지런히 사들이고 있습니다. 그 아이를 어떻게 아버지와 비교할 수 있겠습니까? 마음가짐이 다릅니다. 부디 괄을 장군으로 파견하시는 것은 중지해 주십시오.”

그러나 조나라 왕은 전쟁에 대해서 아무것도 모르고 있었다. 왕은 조괄의 어머니에게 이렇게 말할 뿐이었다.

"그대여, 더 이상 말하지 말라. 내 마음은 이미 정해졌도다."

조괄은 통수統帥의 인수印綬(옛날 중국의 관리가 늘 몸에 지니고 다니던 관인의 꼭지에 단 끈)를 달고서 조나라의 지원군을 이끌고 장평으로 달려가 염파를 대신해서 조나라 군대의 총대장이 되었다. 전선에 도착하자마자 즉시 염파가 정한 군대의 규율과 명령을 고치고, 무장들을 모두 경질하고 견고한 수비를 자랑했던 염파의 방어 부서를 없애 버렸다.

"진나라 군대가 쳐들어오면 각자 용기를 내서 대항해 싸워서 공을 세워라. 기회가 있으면 추격하여 일거에 진나라 군대를 격파하여 상당군을 탈환하라."

괄은 명령을 전하고 각 부대에 출격을 지시했다. 예나 지금이나 젊은 엘리트는 그렇게 원기왕성한 법이다.

혈기에 넘친 "공격"은 "후퇴"에 약하다

진나라 소왕은 조나라 군대의 총지휘관 교체에 대한 소식을 듣자, 마음속으로 크게 기뻐하면서 조나라 군대를 격파할 좋은 기회가 왔다고 뛸 듯이 좋아했다. 즉시 은밀히 명장이라기보다 맹장으로서 각국에 이름을 떨치고 있는 백기白起를 상장군上將軍으로 삼고, 왕흘을 부장에 앉혔다.

그리고 총공격을 하기 위해 군사를 증가하고, 조나라 군대를 격파하기 위한 작전 계획을 세웠다. 이리하여 전세는 단숨에 긴박해져 갔는데, 그것이 상대편에게 알려지지 않도록 기밀 유지에 철저를 기했다.

"무안군 백기 상장군의 부임을 누설하는 자는 참수형에 처한다."

이렇게 엄명을 내렸던 것이다.

백기는 조괄에게 실전 경험이 없다는 것, 젊은 혈기만 믿고 거칠고 난폭하며 적을 경시한다는 것 등 혈기와 경험 부족에서 오는 약점을 이용하여 군세를 2개 군대로 나누어 우회해서 포위한다는 전술을 취하기로 결정하고, 동시에 구체적인 전투 부서를 정해 나갔다.

우선, 방벽防壁(외적을 막기 위해 쌓은 담벽)으로 자루 모양의 진지를 구축해 놓고, 주력 부대가 그 진지를 굳게 지켜서 조나라 군대의 진공을 저지한다. 둘째로, 처음에 제1선에 나서는 군대는 적을 꾀어서 유인하기 위한 미끼 부대니까, 조나라 군대의 공격을 받으면 즉각 방벽을 향해 후퇴하여 조나라 군대를 포위망 안쪽 깊은 곳까지 유인해 끌어들인다. 셋째로, 방벽의 양 날개에 2만 5천 명의 정예 병사들을 배치해 두었다가, 조나라 군대의 의표를 찔러서 그 배후로 돌아 들어가 그 보급로를 차단하는 동시에, 방벽의 부대와 호응, 협력해서 진공해 온 조나라 군대를 포위한다. 넷째로, 별도로 기병 5천 명을 보내서 조나라 군대와 진지 사이로 뚫고 들어가서, 조나라 군대를 2개로 갈라놓아 서로 교신할 수 없게 해서 고립시킨다.

이렇게 해서 진나라 군대는 결전 태세를 척척 굳혀 나갔다. 조나라의 효성왕 6년(진나라 소왕 47년(기원전 260년 8월)), 혈기에 넘쳐 경거망동하던 젊은 조괄 장군은 전선에 부임하자마자, 예상대로 부랴부랴 조나라 군대를 지휘하여 진나라 군대에 대규모 진공을 개시했다.

진나라 군대의 선두 부대는 미리 계획해 두었던 대로 일부러 지는 척 물러났다. 기병을 투입하여 일부러 패주하는 척하면서 조나라 군대의 식량 보급로를 차단하고, 조나라 군대를 갈라놓는 책략이었다.

조괄은 그 패주의 진위 여부를 확인해 보려고도 하지 않은 채 즉각 조나라 군대에게 추격 명령을 내렸다. 그러나 추격해서 방벽까지 가자, 진나라 군대의 강한 저항에 부딪치게 되었다.

그때, 양 날개에 배치되어 있던 2만 5천 명의 진나라 병사들이 숨쉴 틈도 주지 않고 출동하여, 조나라 군대의 배후로 파고들어 서쪽의 성채(지금의 고평현의 북쪽에 있는 한왕산의 고지)를 습격해서 점령하고, 포위의 진형을 형성했다.

그리고 5천 명의 기병들도 재빨리 그 틈새로 돌입해 와서 종횡무진으로 뛰어다니면서 조나라 병사들을 습격했다.

조나라 군대는 몇 번인가 공격을 시도했으나 한 번도 성공하지 못한 채 어쩔 수 없이 그 장소에 진지를 구축하고, 공격에서 방어로 전술을 바꾸고 나서 지원군이 나타나기를 기다릴 수밖에 없었다.

실천 없는 명론名論에 너무 의존하지 말라

진나라 군대가 조나라 군대를 포위했다는 승전보가 진나라의 수도 함양에 전해지자, 진나라의 소왕은 직접 하내河內 지방까지 찾아왔다. 하내란 야왕野王, 그러니까 지금의 심양 일대를 가리키는 지명이다. 진왕 자신이 직접 방문했다는 것은, 진나라가 동쪽의 중원에 큰 관심을 갖고 있으며 그 발판이 되는 상당군의 지배야말로 거국적인 대사업이었다는 것의 증명이었다.

진왕은 군사력을 집중적으로 투입하기 위하여 그 지역의 15세 이상의 남자들을 모조리 조직하여 군대를 편성해서 장평의 전장에 투입하고, 장평 동북방의 고지를 점령하게 만들어 조나라로부터의 원병과 식량 보급을 단절시켰다.

개미 새끼 한 마리 기어나갈 틈도 없을 정도로 진나라 군대를 사방에서 포위하고 있었기 때문에 조나라의 중원 부대는 통과할

엄두도 내지 못하고 있었다. 게다가 보급선도 완전히 단절되어 버렸다.

9월이 되었을 때는 이미 조나라 군대에 식량 보급이 끊어져 굶주림에 지친 병사들은 윤리관 따위는 벌써 까맣게 잊어버린 채 은밀히 서로를 죽여서 살을 베어 먹는 비참하고 처절한 상황에 이르게 된다.

조괄은 적의 포위망을 돌파하기 위해 정예 병사들을 4부대로 편성하여 4차, 5차 돌격을 되풀이하면서 필사적으로 퇴로를 뚫어 보려 했지만 성공을 거두지 못하고 전부 실패로 끝나고 말았다.

그래서 조괄은 마침내 스스로 출격을 하기로 결심했다. 정예 병사들을 선발하여 모든 병사들에게 두꺼운 갑옷을 입힌 채 말에 태워서 포위망을 강행 돌파하려고 했다.

총지휘관인 조괄이 진지 앞에 모습을 드러내자 그것을 알아챈 진나라 군대쪽에서 쉴 새 없이 화살을 쏘아대기 시작했다. 조괄은 어이없이 화살에 맞았고 결국 죽음에 이르렀다. 지휘관을 잃은 군대는 오합지졸에 지나지 않는 법이다.

장평의 싸움은 진나라 군대의 대승, 조나라 군대의 참패로 종막을 고했다. 진나라 군대와 조나라 군대의 총지휘관이 교체된지 불과 2개월이라는 짧은 시간에 싸움은 싱겁게 끝나고 말았다.

"조괄의 군대는 패하여 40만 명의 병사들이 무안군武安君에게 투항했다.”

이 장평 전투에 대해 역사는 냉정하고 정확하게 기록하고 있다.

그렇다면, 40만 명의 운명은 어떻게 되었는가? 이 숫자에는 병사들뿐만 아니라, 조나라의 백성들과 전란으로 도망쳐 다니던 장평의 백성들이 포함되어 있었다. 굶주림에 시달려서 수척해진, 도망칠 기력도 없는 사람들의 허탈한 표정이 눈에 선연하다.

무안군, 즉 진나라 군대의 백기白起장군은, 상대가 다시는 대항하는 일이 없도록 하기 위해 처형이라는 잔인한 수단을 선택했다. 몰살, 즉 한 사람도 남김없이 구덩이를 파고 파묻어 버렸다.

“진나라가 상당 지역을 공략했을 때, 주민들은 그것을 기뻐하지 않고 조나라로 도망쳤다. 조나라의 사졸로서는 오늘날의 배반을 되풀이하는 전국戰國혼란의 정황 속에서 내버려 두면 틀림없이 반란을 일으킬 것이다. 죽일 수밖에 없다.”

이것은 역사상 드물게 볼 수 있는 포로들에 대한 잔인한 학대였다. 봉건 지배 계급의 잔혹한 본성을 드러낸 최초의 포로 학대로, 사람들의 지탄을 받아 마땅한 처사다. 병력을 집중하는 데 따른 대규모 섬멸전이 필연적으로 초래한 씻을 수 없는 커다란 오점일 것이다.

이 싸움은 또한 대규모 작전과 기아, 식량 보급이라는 해결할 수 없는 커다란 문제점도 안고 있었다.

"안에서는 은밀히 서로 죽여서 살을 먹었다."

기록되어 있는 이 문장의 의미는 영 개운치가 않다. 생각해 보면 인간은 시난트로푸스 페키넨시스(Sinanthropus Pekinesis ： 북경에서 발견된 원시 인류로 호모 에렉투스 유인원이다) 시대부터 식인 풍습을 갖고 있었다고 하는데, 어쩌면 사람은 사람을 잡아먹는 것으로 사람이 되었을지도 모른다. 그리고 인간이 인간을 잡아먹는 것에 의해서 비로소 인간이 될 수 있었던 것처럼, 인간은 인간인 이상 전쟁을 계속하려 드는 것인지도 모른다.

40만이라고 하는 그 수의 규모성에 아연실색하지 않을 수 없지만, 인간을 살해하고 싶은 욕구는 어쩌면 인간을 잡아먹는 인간에게 있어 본질적인 것인지도 모른다. 그렇다고 한다면, 백기 장군은 그것을 실행하여 보여 준 것에 지나지 않는다.

지도자는 반드시 "위험"을 계산에 넣어야 한다

장평의 싸움은 진나라 군대가 전후 합계 45만의 조나라 군대를 섬멸하여 군사적인 대승리를 쟁취한 획기적인 전쟁이었다.

나이가 어린 240명의 군사를 조나라로 귀국시킨 다음, 모두를 산 채로 몰살시킨 처참하기 짝이 없는 처사였다.

그러나 '중국 통일'이라는 경국經國(나라를 다스림)의 대사업을 완성시키기 위해서, 앞서 나가던 중원의 나라들을 제압하여 진나라에게 지극히 유리한 조건을 만들어 낸 점에서는 괄목할 만한 가치가 있다. 공짜로 그것을 손에 넣으려고 한 조나라의 무계책은 볼썽사나운 일이 되어 버린 것이다.

자국의 힘을 계산하지도 못한 채 전국戰國제국이라는, 이른바 국제 사회의 세력 균형조차 파악하지 못하고 무턱대고 당시의 최강의 적에게 덤벼든 조나라의 무모함은 논할 가치도 없다.

조괄의 탁상공론만 내세우는 군사 전문가로서의 비참한 실패는 알맹이가 텅 빈 사람들과, 도리를 얘기할 뿐 실제를 중시하지 않는 모든 이들에게 더할 수 없이 귀중한 교훈이 될 것이다.

그리고 싸우지 않는 것이 때로는 최고의 싸움(염파 장군의 고도의 전략을 보라!)이라는 것을 이해하지 못하는 지도자는 지도자로서 실격이라는 것을 여실히 보여 준다. 다시 한 번 강조하지만 지도자는 공짜로 뭔가를 얻으려고 해서는 안 된다.

"공짜보다 비싼 것은 없다(공것을 받으면 청을 들어 주거나 답례를 하게 되어 더 비싼 값을 치른다는 뜻)"는 말은 경제 원칙일 뿐만 아니라, 정치 원칙이며 문화 원칙이기도 한 것이다.

모든 면에서 후발국이었던 진나라는 이 싸움에 처음부터 대단한 집념을 보였다. '원교근공책'을 실행하여 조나라를 여러

나라로부터 고립시키고(제나라에 긴급 식량 원조를 요청했지만 성공하지 못했다), '반간계'를 써서 조나라 왕과 중신들 사이를 이간시키고, 작전의 차질을 초래하여 장군을 경질시키고, 적을 유인하여 퇴각하고, 군사를 2개 중대로 나누어 포위했다. 이러한 전술은 오로지 승리를 목표로 한 정확한 판단을 근거로 한 실행의 결과였다. 이리하여 '중국 통일'은 바로 눈앞에 다가와 있었다.

부하의 힘을 최대한 끌어 모으는 방법

절체절명의 상황에서 초인적 힘을 발휘하게 하여 이긴
거록의 싸움(진나라 vs 초나라 ; 기원전 208년)

항우는 거록의 싸움에서 진군하는 자신의 병사들에게 이렇게 명했다. "솥이나 찜통은 모두 때려 부수라. 배라는 배는 한 척도 남김없이 구멍을 뚫어서 가라앉혀라. 임시 숙소인 막사는 빼놓지 말고 모조리 불질러 버려라. 휴대 식량은 단 3일분만 남겨 두라." 절체절명의 극한 상황으로 군세를 몰아넣었을 때 승리는 눈앞에 다가와 있었다.

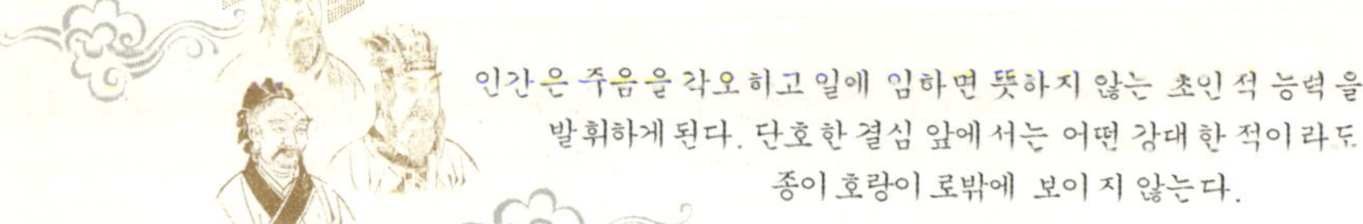

리더가 죽을 각오를 임하면
따르는 자도 죽을을 두려워하지 않는다

"거록巨鹿(지금의 하남성 평향현)에서 싸우는 동맹군을 구원하기 위해서 항우는 전군을 이끌고 황하를 건넜는데, 그곳에서 항우는 지금까지 사용하던 솥과 찜통 같은 취사도구를 모두 부셔 버렸다. 강을 건너는 데 썼던 배를 가라앉히고 막사의 주거를 불질러 버리고, 겨우 3일분의 식량만 휴대하게 하여 병사들에게 결사의 각오를 보여 주며 살아 돌아올 마음은 털끝만큼도 없다는 것을 알렸다(사기, 항우본기)."

시황제는 중국을 처음으로 통일하고 나름대로 통일 국가를 체계적으로 운영하려 노력을 했지만 중앙 집권에서 연유한 왜곡과 불평등은 여전히 존재하고 있었다. 지방에서는 불만의 소리가 폭동이 되어 올라오고 진나라 왕조는 점점 말기로 치달아 가는 양상을 보이고 있었다.

'파부침선破釜沈船(솥을 깨뜨리고 배를 가라앉힌다, 즉 죽기를 각오하고 싸움에 임한다라는 뜻)'이라는 말이 있다. 이 고사성어는 진승과 오광이 이끌었던 민중 봉기(상당히 빨리 실패를 했다)의 흐름을 이어받은 초나라의 장군 항우項羽가 봉기군을 이끌고 조나라 군대를 구원하기 위해 진나라의 주력군을 대파한 사건에서 유래하고 있다.

총대장이 살아서 돌아올 생각 같은 것은 전혀 하지 않는다는 강한 의사를 구체적인 행동으로 나타내고 부하 병사들에게 너희 늘도 그런 각오로 공격을 하라고 하는 이상, 누구 한 사람 거역할 수가 없을 것이다. 자포자기가 됐든, 그 무엇이 됐든 대장과 함께 목숨을 내놓고 싸울 수밖에 도리가 없지 않겠는가?

총사령관이 결사의 각오를 나타내거나, 혹은 전군에게 죽을 생각으로 적에게 덤벼들게 한다는 정신주의 전법은 결코 새로운 것이 아니다. "강을 건너고 배를 불태운다"는 기원전 624년의 진秦나라와 진晉나라의 싸움에서 유래된 이야기이고 "우물을 메우고 부뚜막을 평평하게 한다"라는 말은 기원전 575년에 진晉나라와 초楚·정鄭나라가 싸웠을 때의 기록에서도 볼 수 있다.

둘 다 〈춘추좌씨전〉에 기재되어 있는 말로 그 이후 한대에 이르러서 한신韓信의 "배수의 진(물을 등지고 진을 친다)"이나, 병법가인 손자孫子(손무)의 "사지에서는 죽기로 싸울 수밖에 없다"는 고사성어도 같은 맥락에서 나온 말들이다.

진왕조의 2대 황제 호해胡亥 원년(기원전 209년), 빈농 출신의 진승과 오광의 지도 아래 중국 사상 최초의 농민 대봉기가 일어나면서 진왕조의 잔학한 지배를 뒤집어엎으려는 혁명 바람이 각지로 퍼져 나갔다.

전국 시대의 제국을 통일한 진秦나라 정권은 진보적인 성향을 갖고 있던 반면 몹시 엄격하고 잔혹한 법치주의와 중앙에서 파견한 관료에 의한 강압적 지방 행정 관리로 인해 민중의 반감을 사고 있었다.

장마나 기타의 이유로 조세를 내지 못하는 농민들의 변명은 그저 핑계일 뿐 도저히 용서받을 수 없는 일이었으며, 명령 받은 날까지 곡물을 도착시키지 않으면 참수형에 처해졌다. 당연히 농민들이 반란을 일으킬 수밖에 없었다.

농민의 대봉기가 발발했을 때, 진秦나라에게 멸망을 당한 이전의 제, 초, 연, 한, 조, 위의 6개국 제후들 역시 이때를 기다리고 있었다는 듯이 병사를 일으켰다. 항우는 초나라의 대장 항연項燕의 손자로, 용맹 과감한데다 담력과 지식까지 겸비하고 있었다.

항우는 소년 시절에 서법書法을 배웠으나 신통치가 않았으며 검을 배웠으나 이 역시 그랬다고 전해지는데 하루는 숙부 항량項

梁이 그런 항우에게 화를 내자 이렇게 대답했다고 한다.

"글자 같은 것은 성명을 쓸 수 있으면 충분합니다. 검은 단 한 사람의 적을 상대할 수밖에 없으니까 배울 필요가 없습니다. 나는 만인을 상대로 해서 싸울 수 있는 방법을 배우고 싶습니다."

그야말로 세상을 뒤덮는 기개氣槪라고 해야 할 것이다. 이러한 기개를 키워 주는 방법이 오늘날의 교육에서는 완전히 빠져버린 것은 아닌가 싶다.

진승과 오광이 반역의 기치를 올리자, 항우는 숙부 항량을 따라가서 호해 원년 9월, 회계군(지금의 강소성 소주)에서 장관長官(오늘날의 군수)인 은통을 살해하고 봉기하여 진승과 오광과 만났다. 항량은 강동(강남 일대의 땅)의 젊은이 8천 명을 이끌고 장강을 건너 북상하여 진나라 군대를 무찌르면서 재빨리 세력을 확장시켜 나갔다.

양자강을 건너서 서쪽으로 올라가 진앵에서 2만의 젊은이들을 합세시켰고, 회수를 건널 무렵에는 그 수가 6, 7만 명에 도달했다. 12월이 되어서 진승陳勝이 패하여 죽자, 기묘한 꾀를 쓰기를 좋아하는 재야의 노인 범증范增이라는 인물로부터 다음과 같은 의견을 듣게 된다.

"진승이 패한 것은 당연하다. 진나라가 6개 국을 패망시킬 때, 진나라를 전혀 방해하지 않았던 것은 초나라이다. 그런데 초나라의 회왕懷王이 진나라에 가니까, 진나라는 그를 붙잡아 두고 돌려보내지 않았다. 초나라 사람들은 지금까지도 두고두고 회왕을 불쌍하게 생각하고 있다. 그래서 초나라의 남공南公이라는 음양가는 이렇게 말하고 있다. '초나라가 쇠퇴하여 가령 가옥이 단 3채만 남았다 하더라도 초나라가 있는 한, 진나라를 멸망시키는 것은 초나라임에 틀림없다' 고. 진승은 군사를 모아 봉기할 때, 초나라 왕의 자손을 세우려고 하지 않고 자신이 전면에 나서고 말았다. 그렇기 때문에 세력이 오래 가지 못했던 것이다."

항량은 과연 그렇구나 하며 납득을 했다.

반역에도 분명 표면상의 명분이 필요하다. 현 상황에서는 회왕을 그리워하는 민심을 따라야 한다고 판단한 항량은 회왕의 손자뻘이 되는 웅심熊心을 찾아내 기원전 208년 6월, 초나라 왕으로 옹립하고 회왕懷王이라고 칭하기에 이른다.

그러나 그 이후, 진나라 말기의 농민 봉기는 새로운 국면에 돌입하게 되었다.

누구에게나 저마다의 주장이 있다

항량은 가는 곳마다 적을 격파하여 연전연승을 계속했다. 점점 교만해진 그는 나태해지기 시작해서 적에 대한 경계를 게을리 하게 되었다. 진나라 쪽에서는 그것을 노리고 있었다. 진나라의 2대 황제 호해 2년 9월, 진나라의 장군 장한章邯은 군대를 지휘하여 정도定陶(지금의 산동성 정도현)에 주둔하고 있던 초나라 진지에 야습을 기하여 초나라 군대를 격파했다. 정도를 하나의 승부처로 판단하고 대군을 증파한 진나라는 각지로 퍼져 나가는 봉기, 이른바 무통제, 무정부 상태의 혼란을 수습하는 전환점으로 삼았다. 이에 반해 항량과 항우는 계획도 잡지 못한 채 마구잡이 싸움을 하면서 오만하게 진격을 했던 것이다. 여기서 항량은 전사하고, 항우는 서쪽의 진류 땅으로 피신을 했다.

항우는 일시 좌절을 맛보았으나, 사실 장한 역시 비슷한 판단 실수를 범했다. 역사의 대전환기에 대한 판단은 그만큼 어렵다는 얘기가 되는 셈인데, 그릇된 판단을 내리는 쪽이 잘못임은 두말할 것도 없으며, 장수로서의 자질이 부족하다고 보는 것 또한 당연한 일이다. 그래서 노신魯迅(중국의 가장 유명한 근대 문학자)의 표현을 빌리자면, "물에 빠진 개는 철저히 때려 눕혀야" 하는 것이다. 장한은 이미 항량이 전사해 버렸으니까 초나라 군대를 더 이상 두려워 할 것이 못된다고 잘못 판단했다.

그래서 다시 한 번 공격해서 초나라 군대를 괴멸시키는 철저한 작전을 취하지 않은 채 군대를 수습하여 북쪽으로 향하고, 황하를 건너서 조나라를 공격했다. 이 조나라는 전국 시대에 한때 강대했던 조나라가 아니라, 진왕조에 반대하는 전쟁의 와중에 새롭게 수립된 국가여서 그 힘이 극히 미약했다.

장한은 군대를 이끌고 조나라 군대를 공격하여 대패시키고, 즉시 조나라의 수도 한단邯鄲을 공략했다. 그러자 조나라 왕인 헐歇과 재상인 장이張耳 등은 모두 거록성鉅鹿城(지금의 하북성 평향현)으로 도망쳐 들어갔다. 조나라의 장수 진여陳餘는 새로 상산上山(지금의 하북성)의 병사들을 수만 명 모아서 부대를 재정비하여 거록성의 북쪽에 주둔했다. 이것이 이른바 하북河北의 군대이다.

장이와 진여는 모두 위나라의 수도 대량大梁(지금의 개봉 부근)의 사람이다. 장이는 신릉군 슬하의 식객으로 유방劉邦(한나라의 고조)이 아직 일개 서민이었을 무렵 장이의 집에서 한동안 식객으로 있었다고 한다. 진여는 유학儒學을 좋아하는 사람으로, 장이와 진여 두 사람은 문경지교刎頸之交(죽음을 함께 할 수 있는 막역한 사이)라고 일컬어졌던 명사였다. 그 둘은 진나라 사람 무신武臣을 세워 조나라 왕으로 삼고 조나라를 세웠다.

여기서 잠시 옆길로 벗어나서, 영웅과 수택藪澤(숲과 늪)의 관계에 대해서 고찰해 보기로 하겠다. 웬일인지 큰일을 도모하려고 하는 뜻 있는 사람들은 숲이나 늪 같은 곳에 모이기를 좋아하는 것 같다. 잡목 잡초가 우거져 있는데 물이 없으면 숲이고 물이 있는 저습지인 경우엔 늪이라고 한다.

이곳에서는 채소와 식량을 조달할 수 있고, 새나 짐승을 사냥할 수가 있다. 또한 감시하는 관리도 좀처럼 찾아오지 않으니까,

일을 일으키는 데 둘도없는 환경임에는 틀림없다.

진승과 오광이 궐기한 곳도 대택大次 지방이었고 거록성 역시 커다란 늪지였다. 거록성은 대륙택, 광아택, 거록택, 태륙택, 대록, 옥천이라고도 불렸는데 예로부터 범람을 되풀이하는 하북 평원의 황하의 흐름이 구불구불 흘러 구하九河로 갈라지는 지점이었다.

옛날에는 녕진의 백과 이어져 있었으나 뒤에 둘로 나뉘어져서 북백은 녕진백, 남백은 대륙택이 되었다고 한다.

그렇기 때문에 그 저습지에 인접해서 생긴 거록이라는 지방 도시민 히더라도, 황하이 흐름에 따라서 이동을 했던 모양이다. 당시의 거록성은 오늘날의 거록에서 서남쪽으로 30킬로 떨어진 평향현 부근이었다고 한다.

그러니까 조나라 군대는 그러한 토지에 틀어박혀 있었고, 원정 온 진나라 군대는 그런 수송이 곤란한 장소에 식량을 운반하는 도로를 만들어 물자를 운반했다. 어쨌든 간에 생각해 보면, 고대의 전쟁이란 어느 쪽이든 모두 보통의 노력이나 전술로는 수행할 수가 없었던 것이다. 그러면, 이야기를 본 줄거리로 되돌리기로 해보자!

장한은 진나라의 장수 왕리와 섭간을 파견하여 거록을 포위하게 하는 한편, 자신은 병사들을 이끌고 거록의 남쪽에 있는 극원에 가서 진을 치고 그 후원자가 되었다. 그리고 극원에서는 길 양쪽에 토담을 쌓아서 적의 약탈을 방지해 가면서 식량을 운반하는 도로를 만들어 황하로 연결하고, 거록까지 연장해서 왕리와 섭간의 군대에게 식량을 수송하게 했다. 이 식량과 군마에게 먹이는 풀을 운반하는 길목은 울타리를 쳐 밖에서 들여다볼 수 없게 하였다. 이리하여 왕리와 섭간의 군대는 충분한 군수품을 보급 받아서 한층 더 사기 충천되어 거록성을 공격했다.

한편 거록성 안에서는 식량이 떨어져 갔고 병력도 점점 약해져만 갔다. 재상 장이는 진여의 진영으로 사자를 보내서 하북의 병사들을 이끌고 구원하러 와 달라고 독촉했다.

그러나 진여는 적과 아군의 힘 관계를 냉정히 비교하고, 굳이 무모한 구원을 하지 않았다. 부족한 병력을 가지고 진나라 군대와 싸워 보았자 도저히 승산이 없다고 판단하고, 몇 개월 동안 움직이려고 하지 않은 것이다. 동맹군의 냉담함에 초조해진 것은 장이였다. 결국 그는 사자를 보내 진여를 책망하기에 이르렀다.

"일찌기 나는 귀하와 문경지교를 맺었습니다. 지금 조나라 왕과 나는 죽음의 낭떠러지에 처해 있습니다. 그런데도 귀하는 수만의 병력을 가지고 있으면서도 도와주려고 하지 않습니다. 이래서야 어떻게 생사를 함께 한다고 말할 수 있습니까? 적어도 지금까지의 우정을 소중히 생각한다면, 어째서 우리와 함께 진나라 군대와 결사의 싸움을 벌이려고 하지 않는 것입니까? 더구나 십 중 하나둘의 승산이 있는데도 말입니다."

그것에 대해서 진여는 다음과 같이 대답했다.

"내가 구원하러 가 보았자, 결국은 조나라를 구할 수 없을 것이며, 헛되이 전군이 괴멸당할 뿐이라고 판단했습니다. 내가 함께 죽으려고 하지 않는 것은 조나라 왕과 장이님, 귀하를 위해서 진나라에 보복해 주려고 생각하고 있기 때문입니다. 지금 함께 결사의 싸움을 거는 것은 굶주린 호랑이에게 고기를 던져 주는 것이나 같아서, 아무런 이익도 없습니다."

양쪽 다 주장이 옳고, 어느 것이나 다 훌륭한 이유 아닌가?

사자로 갔던 장염과 진택이, 앞날의 일은 아무래도 좋으니 지금 당장의 열세를 만회하고 싶다고 힘을 주어 피력했다. 무슨 일이 있더라도 함께 진나라 군대와 결전을 하고 싶다고 간청을 했다.

"그렇게 말하면 어쩔 수 없지요."

진여는 이렇게 말하고 5천의 병력을 장염과 진택에게 맡겨서 출격시켰으나, 싸움이 시작되자마자 바로 전멸을 당하고 말았다. 그 무렵, 제나라와 연나라의 구원 부대가 뒤이어 도착하고, 장이의 아들 장오도 북방에서 모집한 1만여 명의 병사들을 이끌고 도착했다. 그리고 모두 진여의 군대 부근에 진을 치기는 했으나 출격하려는 기척은 보이지 않았다.

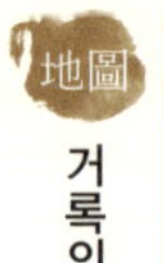

地圖 거록의 싸움 관련도

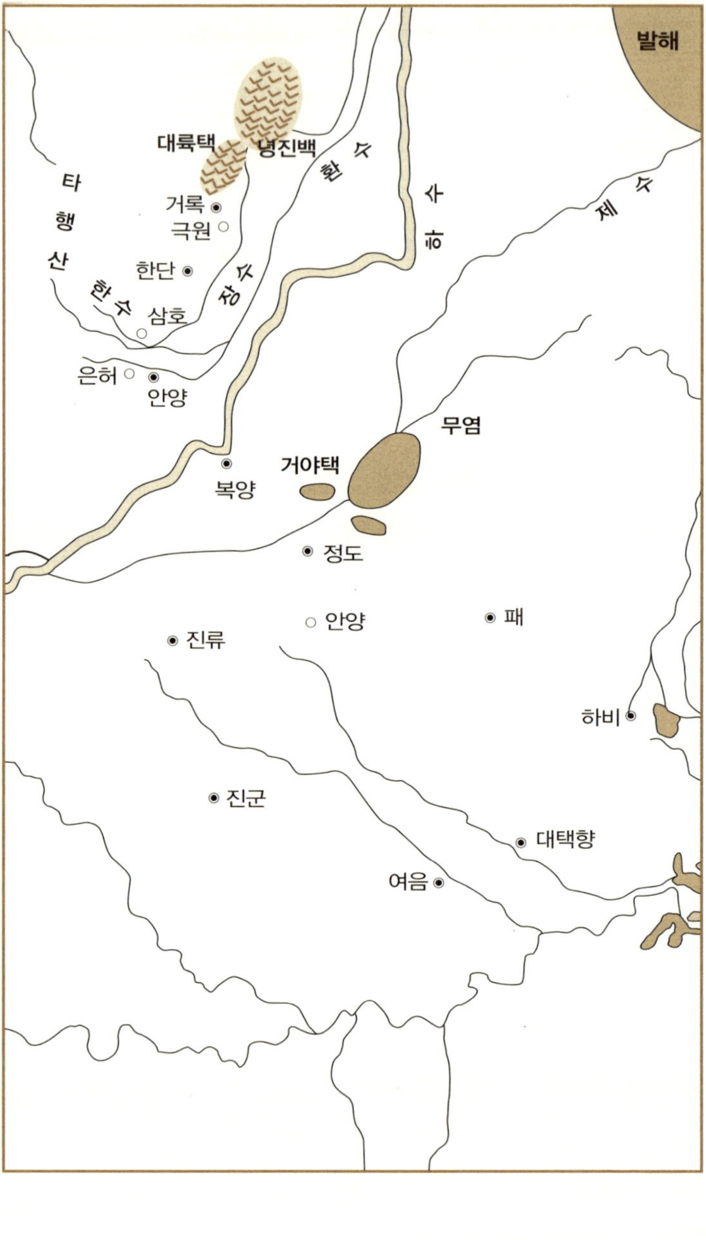
발해
대륙택
녕진백
환수
하수
제수
타행산
거록
극원
한단
한수
장수
삼호
은허
안양
무염
거야택
복양
정도
안양
패
진류
하비
진군
대택향
여음

단 한 사람, 항우가 이끄는 초나라의 군대만 동맹군의 원조도
구하지 않은 채 단독으로 행동을 일으켜 고군분투했다. 이것이
갈림길이었다.

소의 등에 앉은 등에와 이의 관계

조나라 왕 헐이 초나라의 회왕에게 거록성에 구원을 요청했을
때, 회왕은 영윤(초나라에서 정치를 하는 최고의 직위)이었던 송의宋義
를 불러서 상장군으로 삼고, 항우를 차장, 범증을 말장으로 임
명하여 봉기군의 주력 부대를 이끌고 북상해서 조나라를 구원하
게 했다. 송의는 대군을 이끌고 북상하여 안양에 도착했으나,
46일 동안이나 그곳에 머문 채 전진하려고 하지 않았다.

기세가 오른 적과는 굳이 승부를 겨루지 않고 때가 오기를 기
다리는 자세는 과연 초나라 왕이 인물이라고 평가할 정도의 기
량임에 틀림이 없다. 송의가 이끄는 군대는 경자관군卿子冠軍이
라고 불렸다. 경자는 존칭이고, 관군은 선두 군대를 의미한다.
나중에 이 군대에 대한 호칭이 그대로 송의의 호가 되었을 정도
로 주목을 받고 있었던 셈이다.

그러나 항우는 납득하지 않았다. 인물로 말하자면, 항우도 무
장으로서 항상 정면 승부하는 자세, 모든 것에 정면으로 대항하

는 자세를 지니고 있었다.

항우는 주전론主戰論을 건의했다.

"지금 진나라 군대가 거록을 공격하고 있는 중이라고 들었습니다. 그렇다면 신속히 병사들을 이끌고 황하를 건너야 하지 않겠습니까? 우리 군대가 밖에서 공격하고, 조나라 군대가 성 내에서 이것에 호응한다면 틀림없이 진나라 군대를 격파할 수 있을 것입니다."

그러나 송의는 동의하지 않았다.

"그렇지 않다. 본시 소의 등에 앉은 등에는 때려잡을 수 있지만, 이는 제대로 잡을 수가 없다. 지금 진나라 군대는 조나라 군대를 공격하고 있기 때문에 싸움에 이긴다 하더라도 병사들은 기진맥진할 것이다. 우리 군대는 그 피로를 찌르는 것이다. 그래도 이기지 못할 때에는 병사들을 이끌고 큰북을 울려대면서 당당히 서쪽으로 향한다면, 틀림없이 진나라 군대를 무찌를 수 있을 것이다. 그러니까 우선 진나라 군대와 조나라 군대를 싸우게 하는 것이 득책이다. 갑옷을 몸에 걸치고 무기를 들고 싸우는 것에서는 나는 귀공에게 미치지 못하지만, 앉아서 계책을 세우는 일이라면 귀공은 나에게 훨씬 미치지 못한다."

그리고는 군대에게 명령을 내렸는데, 그것은 그야말로 항우의 만용을 비웃는 것 같은 빈정거림이었다. 아니, 만인 앞에서 호명하여 절대 복종을 강요하는 것과 같은 것이었다.

"호랑이처럼 힘만 세고 염소처럼 들이받을 줄만 알고 늑대처럼 욕심만 있는 쓸모없는 모든 자는 목을 베겠다."

송의는 항우의 건의를 백 퍼센트 부정했다. 그 뿐만 아니라, 한 술 더 떠서 자신의 아들 송양宋襄을 제나라로 보내서 정무를 보게 하기 위하여 무염無塩(산동의 거야택 동북쪽에 있는 지역)에서 송별 대연회를 성대히 열었다. 때마침 날씨가 좋지 않아 춥고, 큰 비가 내려서 양식이 부족하여 병사들은 굶주리고 추위에 떨고 있었다. 지금 진나라 군대가 공세로 나온다면 각개격파各個擊破 당할 위험에 노출될 것이 분명했다. 항우는 이런 상황에 초조함을 느끼고, 신경이 곤두서서 격분했다.

결국은 이 단순한 정의감이 훗날 치명상이 되긴 했지만, 이 단순한 정의감이야말로 항우의 장점이기도 했다. 송의의 정황 판단에 관한 모든 얘기는 항우에게는 송의를 단죄하는 충분한 이유가 되었다. 전략과 전술은 물론 국가 존망의 관계를 꿰뚫어 보는 능력이야말로 참으로 대단한 것이다. 그래서 항우는 송의를 죽일 이유를 독백하고 있었다.

"힘을 합쳐서 진나라를 공격할 때인데도 오랫동안 머물면서 진군하지 않는다. 기근으로 인해서 백성들은 굶주리고, 병사들의 양식이 부족한데도 대연회를 열어서 술을 퍼마시고 있다. 병사를 이끌고 황하를 건너가서 조나라로부터 군량을 빌려 오고 있는데도, 조나라와 협력하여 진나라를 공격하는 것이 아니라,

상대가 지치기를 기다린다고 지껄이고 있다.

강대한 진나라의 군사력으로 갓 생겨난 조나라를 공략하는 것이다. 당연히 그 기세에 눌려 조나라는 멸망하고 말 것이다. 조나라를 점령하면 진나라는 더욱더 강해질 것이다. 어떻게 진나라가 지치기만을 기다리고 있겠다는 것인가? 하물며 우리 군대는 얼마 전에 정도에서 패배를 당했잖은가?

초나라 왕은 마음놓고 앉아 있지도 못한 채, 국내의 병사들을 총동원하여 전부 장군에게 맡기고, 국가의 안위는 이 일전에 달려 있다고 하는데 말이다. 병사들을 불쌍히 생각하지 않고, 자기 자식에 대한 사사로운 정에만 이끌려 정신을 팔다니, 사직지신社稷之臣(국가의 안위를 맡은 중신)이라고 도저히 말할 수 없다.”

다음 날 아침, 상장군 송의와 회견한 항우는 병영 안에서 송의의 목을 베고, 전군에게 포고를 내렸다.

“송의는 은밀히 제나라와 공모하여 초나라를 배신했다. 나는 초나라 회왕의 밀명을 받고 송의를 처형했다.”

초나라의 장군들은 모두 항우의 지휘를 따르고 반대하는 자가 없었다. 항우는 송의 주살에 대하여 회왕에게 보고했다. 회왕은 항우를 상장군으로 임명하여 송의의 직책을 맡기고, 병사들을 이끌고 조나라를 구원하고 거록성을 탈환하러 가라고 명했다.

"기세"는 한데 모아서 보여 줘라

진나라 2대 호해 2년 12월, 진나라 군대는 다수의 병력과 풍부한 식량을 배경으로 신속하게 거록성을 차지하기 위해 공격 부대를 보내서 맹렬하게 공격을 가했다. 성 안에서 지키고 있던 조나라의 군대는 병사들의 수도 적고 식량도 바닥이 나서 그야말로 풍전등화였다. 진여가 이끄는 하북의 군대도, 제나라와 연나라로부터 달려온 구원 부대도 강대한 진나라 군대를 두려워해서 꼼짝을 못하고 있었다.

항우는 송의를 주살하고 나자 영포英布(젊었을 적에 법을 어겨서 문신의 형벌을 당했기 때문에 '경포'라는 별명도 갖고 있다)와 포蒲장군에게 장병 2만을 이끌게 하여 선봉으로 삼고, 황하를 건너서 거록을 구하게 했다. 처음에는 싸움이 그다지 유리하게 전개되지 않았다. 그래도 진나라 군대의 식량 수송로인 용도를 절단해서 장한과 왕리와 섭간의 군대를 떨어뜨려 놓는 데 성공했다. 진여가 다시 병력의 증강을 요청해 왔기 때문에, 항우는 전군을 이끌고 황하를 건넜다.

여기서 항우다운 이른바 공격 전술, 더할 수 없는 강공 계책이 펼쳐진다.

항우는 이때 "솥이나 찜통은 모두 때려 부수라. 배라는 배는 한 척도 남김없이 구멍을 뚫어서 가라앉혀라. 임시 숙소인 막사는 빼놓지 말고 모조리 불질러 버려라. 장군과 병사들이 각자 휴대하는 식량은 단 3일분만 남겨 놓아라” 이렇게 전군에 명령을 내렸다. 강대한 진나라 군대에게 결사의 싸움을 걸어서 이 일전에 승리하지 못하면, 결코 살아서 돌아가지 않겠다는 결의를 굳히기 위해서였다. 항우의 결의와 용기는 전군을 강하게 자극해서 군사들의 사기는 하늘을 찌를 듯이 높아졌다. 초나라 군대는 전장에 도착하자마자 눈깜짝 할 사이에 왕리와 섭간의 군대를 포위하고, 저지할 수 없는 기세와 대처할 여유를 주지 않는 속도로 진나라 군대와 대격전을 전개했다.

초나라 군대의 장군과 병사들은 누구나 혼자서 10명의 적과 싸우고, 진나라 군대에 맹격, 맹타, 맹추격을 감행하여 숨 돌릴 틈도 주지 않았다. 전후 9회에 걸친 격렬한 전투를 거쳐서 초나라 군대는 진나라 군대를 산산조각으로 쳐부수었다.

그 즈음 되자 그 밖의 나라의 구원 부대가 가까스로 전투에 참가하여, 초나라 군대와 함께 진나라 군대의 장군 소각蘇角을 학살하고, 왕리를 생포하고, 섭간을 자살로 몰아넣었다. 거록성을 포위하고 있던 진나라 군대의 주력 부대는 이렇게 괴멸되어서, 거록은 간신히 해방될 수 있었던 것이다.

초나라 군대와 진나라 군대가 격전을 벌이고 있을 때, 거록을 구원하러 모여 있던 여러 나라 군대의 장군들은 모두 진나라 군대를 호랑이나 이리처럼 두려워하면서 성벽 위에서 싸움의 상황만 구경하고 있을 뿐이었다. 그래서 초나라 군대가 과감히 돌격하여 피투성이가 된 채 힘껏 싸우는 모습을 보고 모두들 깜짝 놀라 두려워하지 않는 자가 없었다.

그러나 죽을 각오로 싸운 당사자인 초나라의 병사 스스로도 자신들의 실력을 능가하는 전투력에 깜짝 놀랐을지도 모른다. 싸움이 끝나고 문득 제정신이 들었을 때, 초인적인 힘을 발휘하게 해 준 공격 일변도의 용맹한 장군에게 진심으로 감동을 하고 있었을 것이다.

전투가 끝나자 항우는 여러 나라의 장군들을 소집했다. 장군들은 항우의 군문軍門에 들어서자, 무릎으로 기어서 앞으로 나아가 감히 얼굴을 들어 항우를 쳐다보려고 하는 자가 없었다. 중국의 현대 영화 한 장면에서 볼 수 있는 것처럼 무릎을 꿇는 자세는 상대방에게 사죄할 때, 전면적으로 백 퍼센트 복종한다는 것을 나타내는 예법이다. 상대방의 얼굴을 똑바로 쳐다보지 않는다는 것 역시 무엇이든지 시키는 대로 하겠다는 마음의 표시였다. 그 이후, 항우는 그 위세를 천하에 떨치게 되었고, 제후들은 뜻을 같이하여 항우를 상장군으로 추대하고 그 지휘 아래로 들어갔다.

싸움에는 희생양이 필요하다

거룩의 싸움에서 패한 진나라의 장한章邯은 거룩의 남쪽에 있
는 극원棘原으로 후퇴하여 부대를 재정비했다. 항우는 승리의 여
세를 몰아 장수漳水까지 진격하고, 그 남쪽 해안에 진을 쳤다.
양군은 서로 대치한 채 한동안 전면적인 전투는 하지 않았다. 종
종 작은 규모의 전투를 벌이긴 했지만 그때마다 진나라 군대는
매번 패하여 후퇴했다. 진나라 황제 호해는 사람을 보내서 장한
을 엄하게 질책했다. 재상인 조고趙高는 그것에 말려드는 것을
두려워하여 장한을 희생양으로 삼으려고 일을 꾸몄다.

그 소식을 듣고 장한은 두려움에 떨었다.

"재상 조고가 궁중에서 정사를 도맡아하고 있어서 아랫사람
들은 어떻게 해볼 도리가 없습니다. 지금 우리 군대가 싸워서 이
긴다면 그 전공에 대해서 조고가 질투할 것이 틀림없고, 싸워서
이기지 못하면 사형을 면할 수 없을 것입니다."

이렇게 진언해 주는 사람이 있을 정도였다.

또 마침 그때 조나라의 진여가 보낸 서신이 날아들었다. 그것
은 진나라 역대 무장들의 불운과 말로의 비참함을 언급하며, 지
금 당장 진나라에 반역하기를 권하는 절절한 문장이었다.

백기白起는 진나라의 장군으로서, 남쪽의 언나라와 영나라를

정복하고, 북쪽에서는 조나라 마복군 조괄의 군대를 쳐부수고 성을 함락하여 토지를 탈취한 전공은 일일이 헤아릴 수 없을 정도였습니다. 그런데도 결국에는 죽음을 당했습니다. 몽념도 진나라의 장군이었는데, 북쪽에서는 오랑캐를 내쫓고, 유중의 땅 수천 리를 개척하였는데도 결국에는 양주에서 참형을 당하고 말았습니다. 왜냐하면 공적이 지나치게 많았기 때문입니다. 진나라로서는 그 모든 공로에 대하여 봉토를 줄 수가 없었기 때문에, 법을 핑계 삼아 주살해 버린 것입니다.

지금 장군님은 진나라에서 장군이 되신 지 3년, 그 동안 10만의 병사들이 전쟁터에서 생사를 함께 할 정도로 많은 일을 하셨는데도, 제후의 봉기는 늘어만 갈 뿐입니다. 그리고 저 조고는 이미 오래 전부터 아첨과 영합으로 나날을 보내고 있었으나, 지금은 사태가 절박해져서 호해 황제로부터 주살당하는 것을 두려워하지 않으면 안 되게 되었습니다. 따라서 그는 전례에 따라서 장군을 주살해 책임을 전가하고, 다른 자를 장군과 교체시켜서 그 재화로부터 몸을 피하려고 하고 있습니다.

장군님은 오랫동안 국외에 계셔서 국내에는 정적들이 많이 있을 것입니다. 그렇기 때문에, 공적의 유무에 관계없이 주살당하는 운명을 피할 수가 없을 것입니다. 거듭 말씀드리지만, 하늘이 진나라를 멸망시키려고 하고 있다는 것은 주지의 사실입니다. 지금 장군님은 안에서는 황제에게 직접 직언을 간할 수 없고, 밖에서는 망국의 장군이 되어 홀로 고립되어 살아갈 수밖에 없습니다. 이 얼마나 애처로운 일입니까?

어째서 장군님은 창끝을 돌려서 제후들과 연합하여 진나라를 함께 공격하여 그 땅을 나눠 갖고 왕이 되려고 하지 않는 것입니까? 상황이 이러한 데도 장군님은 요참腰斬(고대 중국의 허리를 베는 형벌)의 형을 받고, 처자도 살육당하는 길을 택하실 생각입니까?

"약점"을 보이지 않아야 대승리를 거둔다

명장 장한章邯이 얼마나 많은 고민을 했는지는 상상하기 어렵지 않다. 그래서 은밀히 사자를 보내서, 항우와 화목을 도모하기 위해 얘기를 나누려고 했으나 좀처럼 성사되지 않았다. 그 사이에 항우는 포 장군에게 명하여, 병사들을 이끌고 밤낮을 가리지 않고 삼호의 나루터에서 남쪽으로 장수를 건너게 했다.

포 장군은 진나라 군대와 두 차례 교전을 벌였는데, 두 번 다 진나라 군대를 격파하여 장한의 퇴로를 차단했다. 그리고 항우는 전군을 이끌고 맹공을 가하여, 한수汙水(장수의 지류로, 지금의 하의 물가에서 진나라 군대를 포착해서 괴멸적인 타격을 가했다.

장한은 연속적으로 패배를 당했으나 원군 한 명이 없었다. 게다가 호해 황제와 조고한테 주살당할지도 모른다는 두려움에 거듭 항우에게 투항하겠다고 제의했다.

항우는 여기서 작전 회의를 열었다.

"실제로 우리 군대의 식량도 떨어져 가고 있다. 이쯤에서 투항 제의를 받아들이는 것이 좋을 것 같다."

항우의 의견에 모두가 찬성을 했다.

이렇게 해서 진나라의 호해 황제 3년(기원전 207년) 7월, 장한은 진나라 병사 20만 명을 이끌고 환수 남안의 은허 殷墟(지금의 하남성 안양시의 서쪽)에서 항우에게 투항했다.

항우는 봉기군을 지도하여 진나라의 주력 부대를 전멸시키는 대승리를 거두었다. 이로써 진나라를 멸망시키기 위한 전쟁은 전체적으로 확고한 승리의 기초를 다지게 되었던 것이다.

죽기를 결심하면 어떠한 강적이라도 종이호랑이로 보인다

중국사를 얘기할 때, 통일 왕조는 진나라와 한나라에서 시작되었다고 한마디로 규정하는 것이 통례이다. 또한 진나라와 한나라에서는 농민들과 재야의 영웅호걸들이 배출되어 역사의 톱니바퀴를 크게 굴려 갔다는 것을 알 수 있다.

거록의 싸움에서도 볼 수 있듯이 병사들은 일당백으로 용맹과감하게 싸워 승리를 거두었는데, 잔인하고 포학하기 짝이 없던 진왕조의 지배를 뒤엎으려는 정의감에 입각한 것이었기 때문에 더욱 강력한 힘을 발휘할 수 있었다.

그와 동시에, 항우의 탁월한 군사적인 재능에 의해서 승리를 거두었음은 누구나 다 아는 사실이다. 특히 "솥을 부수고 배를 가라앉힌다"는 필사의 전법은 당시의 지리적 조건과 사람들의 심리 상태에 딱 들어맞는 전술로 초나라 병사들의 마음을 하나로 단결시키는 데 대단히 유효했다.

요컨대 끝까지 분투하여 승리를 쟁취해야만 활로를 개척할 수 있다는 권법에 의해서 9전 9승이라는 찬란한 전과를 쟁취할 수가 있었던 것이다.

그러나 다른 무엇보다도 거록의 싸움이 가르쳐 준 교훈은, 단호하게 죽기를 결심한 인간에게는 아무리 상대가 강하더라도 종이호랑이로 밖에는 보이지 않는다는 것이다. 따라서 단호한 결심을 하지 않은 유약한 인간에게는 종이호랑이도 항상 진짜 호랑이처럼 보일 것이 틀림없다.

여기서 〈순자荀子〉에 실린 연촉량涓蜀梁의 이야기를 소개하기로 하겠다. 기원전 3세기, 중국의 사상가 순자(성악설의 주창자로, 순황, 순경, 손경 등으로 불린다)의 사물을 보는 방법을 전해 주는 이 책은 고대 중국 사상의 집대성이라고 일컬어지고 있다.

〈순자〉 해폐편에 의하면 다음과 같다.

"하수의 하구 남쪽에, 연촉량이라는 사람이 살고 있었다. 태어나면서부터 우둔하고 담력이 없어서 무엇을 보거나 무서워했다. 언젠가 밝은 달빛 아래를 걷고 있을 때, 문득 고개를 숙이니까 자신의 그림자가 눈에 들어왔다. 연촉량은 유령이 땅 위를 기어가고 있는 것이라고 생각했다. 머리를 쳐드니까 자신의 머리칼이 보였다. 그러나 연촉량은 요괴가 뒤에 서 있는 것이라고 생각했다. 소스라치게 놀라서 걸음아 날 살려라 하고 집으로 도망쳤으나 집에 도착하자마자 의식을 잃고 죽어 버렸다."

아무것도 없는 곳에서 호랑이를 보아 버린 사람의 이야기이다.

제五장

명확한 목적의식을 갖고 싸움터에 서라

체면불구의 승리와 아름다운 패배의 선택

정형구의 싸움(한나라 vs 조나라 ; 기원전 204년)

강자의 어디를 찌르면 약자도 같은 수준으로 맞서 싸울 수 있는가? 적의 '실實'을 피하고 '허虛'를 찌르는 싸움이말로 약자가 살아남을 수 있는 유일한 방법이다. 한신은 압도적으로 우위에 있었던 강적 위나라를 상대로 정형적인 전술을 깨뜨리는 배수진背水陣이란 전법을 써 승리를 거머쥘 수 있었다.

약자가 강자를 이기기 위한 군대의 배치

과갑戈甲 오래간만에 군대와 함께

풍운風雲 군대 배치의 어려움을 안다

오늘 아침 한신韓信을 우러러보고

날을 잡아 성안成安을 베겠다

이 시는 당대의 시인 왕애王涯의 〈종군사從軍詞〉 3수 중 한 구절이다. 왕애는 당나라 말기에 '감로의 변' 때 환관 세력의 반격으로 목숨을 잃은 재상이다. 그가 죽기 십여 년 전에 검남동천과 삼남서도의 절도사 등을 역임하던 시절, 서북의 토번이 소란을 피우던 변경에서 군대 생활을 그린 변경에 있는 요새에 대한 시(변새시边塞詩)를 썼는데 이것은 그 중 한 수이다.

과갑은 무기와 갑옷과 투구를 뜻한다. 풍운은 고대의 싸움 배치를 가리키는데, 천天, 지地, 풍風, 운雲, 용龍, 호虎, 조鳥, 사蛇라고 하는 8가지 배치법이 있었다. 이정李靖은 자신의 〈이위공문법〉에서 이 배치법은 잘못된 것이라고 지적하고 있는데, 당태종의 물음에 원래 군대 배치는 한 가지뿐으로 천, 지는 깃발의 이름, 풍, 운은 깃발이 높이 나부끼는 모습, 용, 호, 조, 사는 대열의 구분으로 약동하는 모습, 용맹한 모습, 빠른 모습, 내외를 방어하는 모습에서 그 이름이 붙여지게 되었다고 대답했다.

한신은 한왕조 초기의 유명한 대장인데, 본래는 항우의 휘하에 있던 부상으로 군사전문가이다. 성안은 진여를 가리키는데, 조나라의 장군으로 봉해져서 성안군이라고 불렀다.

이 시는 유방과 한신을 동경하고 있는 분위기가 흐르고 있다.

한신은 조나라를 격파한 싸움에서, 몸을 사지에 두고 나중에 살아난다고 하는 '배수의 진'을 활용한 비정통적인 전법을 통해 승리를 쟁취하여 유명해진 전투의 전형을 만들어 냈다.

시인은 바로 그 한신을 닮고 싶다고 노래하고 있다. 8세기에서 9세기에 걸쳐 티베트계인 토번吐蕃은 동쪽으로 진출하여 당왕조를 크게 당황하게 만들었다. 토번은 유목 민족으로 행동 반경이 크고, 중원 진출에 전력을 기울이고 있었다.

그런 토번을 상대로 변경의 부임지에서 대치하고 있던 절도사는 아마도 자신을 한신과 패공 유방 (한왕조 4백 년의 기초를 쌓은 고조

高祖)에 비유하고 싶었는지도 모른다. 봉기했을 때의 패공 유방에 비유하며, 어느 날엔가 반드시 조나라 장군 진여, 즉 토번의 총대장을 희생의 제물로 삼겠다는 결의를 〈종군사〉에 시의 형식을 빌어 드러내고 있는 것이다.

승패는 싸움이 완전히 끝난 후에야 알 수 있다

한나라 왕 유방 2년(기원전 205년) 여름, 유방은 수수睡水의 북안에서 초나라 군대와 싸워 대패했다. 본시 한나라 군대에 속해 있던 위나라의 왕표王豹가 초나라 군대의 세력이 강대한 것을 알고, 유방을 배신하고 항우에게 붙었기 때문이다. 중병에 걸린 어머니를 문병하겠다고 전열戰列에서 이탈한 뒤의 일이다.

이 장에서 이야기하는 것은 한나라와 조나라 정형구의 싸움에 대한 것인데, 항우는 여전히 건재하여 의기양양하건만 성립되지도 않은 한왕조의 연호를 쓰는 것은 무엇 때문인가? 게다가 진나라 말기의 난세에 한왕이니 위왕이니 하고, 마치 전국 시대가 연장되기라도 한 것처럼 헷갈리기 쉬운 '왕'의 호칭을 쓰는 것 역시 무엇 때문인가? 사족일 수도 있지만 간단히 그것에 대하여 잠시 언급하기로 하겠다.

난세이기 때문에 천하의 패권을 잡을 기회는 누구에게나 있다. 그것을 농민 출신인 진승과 오광이 항우에게 가르쳐 주었다. 그리고 자기 혼자서 무턱대고 마구 달려 보았자 실패하기가 쉽다는 사실도 깨닫게 해 주었다. 선망과 질투의 눈을 미연에 방지하기 위해서도, 그리고 주위의 동정을 받기 위해서도 명목상의 대의는 꼭 필요한 것이다. 가장 이상적인 모습은 옛 군주의 아들을 구 가신이 세워 나가는 것이었다. 선왕과의 혈연 관계가 상당히 멀더라도 핏줄이 조금이라도 닿아 있다면 어떻게든 가능했던 것이다.

또한 서초의 패왕에 의한 임명이 있었다. 항우는 진심으로 천하를 제패했다고 믿었을까? 이것으로 논공행상이 제대로 되었다고 생각하고 있었을까? 어쨌든 항우는 18명의 왕을 탄생시켜 임지로 떠나게 했다. 위나라 왕 표豹는 위의 두 가지에 딱 들어맞는 인물이었다.

위표魏豹는 위나라의 여러 공자 중 한 사람이라고 〈사기〉의 열전에 기록되어 있다. 형인 위구魏咎는 본래의(이른바 전국 시대의) 위나라의 녕릉군이었으나 진나라가 중국을 통일하자 서민으로 강등당했다. 그래서 진승과 오광의 봉기에 가담하게 되었다. 본래의 위나라 땅을 손에 넣고 진왕(진승)은 위나라 출신 주시周市를 세워서 위왕으로 삼으려고 했는데, 주시는 받아들이지 않고, "본래의 위나라 자손을 왕으로 세워야만 합니다"라고 주장했다.

그런 웅수의 사자使者가 다섯 차례나 왕복한 끝에 위구가 왕이 되었다. 드디어 위나라 왕 구가 탄생한 것이다.

그러나 진나라 말기의 대혼란과 혼돈의 상황은 일이 순조롭게 진행되는 것을 막았다. 진나라의 장군 장한이 위, 제, 초나라를 격파하고 위나라 왕이 기거하고 있는 임제(하남성)를 포위했을 때, 포위된 성 안에 있는 백성들을 살려 달라며 위나라 왕 구는 진나라 군대에 항복하고 자신은 자살해 버린 것이다.

동생인 위표는 초나라로 도망갔다. 초나라의 회왕이 위표에게 수천 명의 병사들을 내주자 위표는 다시금 위나라의 옛날 땅을 평정시켰다.

위나라 20여 개의 옛날 성읍을 함락시킨 뒤 항우는 위표를 옛날 위나라 왕으로 세웠다. 위나라 왕 표가 탄생한 것이다. 표를 위나라 왕으로 세운 것은 다분히 항우의 정치적 의도가 깔려 있는 처사로 이 싸움은 일종의 복수전이지, 자신의 사리사욕에서 나온 것이 아니라는 것을 천하에 변명하기 위해서였다. 하지만 결국은 항우에 의한 형식적인 임명에 지나지 않는 일로 인해 위왕의 칭호를 받고 관록이 붙은 표는 항우를 따라서 함곡관으로 들어갔다.

한나라 원년(기원전 206년), 전국을 완전히 제패하려는 야망을 가졌던 항우는 자신의 생각대로 결정한 인사를 발표했다. 우선 초나라의 회왕을 황제로 앉히고 의제義帝라는 존칭을 붙여 주었다. 그 다음에, 자신은 서초의 패왕이라고 칭하고, 강릉(남초), 오(동초), 팽성(서초)을 소유하여 통치했다. 또한 중원 거점으로 서량의 땅(전국 시대 이래 위나라 땅의 별칭)을 지배하기 위해 위나라 왕 표를 하동의 땅으로 가게 하고 평양(산서성 림분)을 수도로 삼게 했다.

이 무렵부터 한나라 왕 유방劉邦이 두드러지게 두각을 나타나게 되었다. 원래대로라면 제후와의 약정에 따라 관중 왕을 자칭하면서 천하를 지배하고, "나야말로 패자니라"하며 승리 선언을 해야 하는 유방이었다. 그러나 항우의 강압적인 간섭과 엄청난 압력으로 인해 허수아비에 지나지 않는 한중漢中의 왕으로서 중앙에서 쫓겨났으니 그 불만은 미루어 짐작할 수가 있다.

유방은 이듬해 5월에 서둘러 행동을 일으켜 동쪽으로 동쪽으로 진격하여 관중을 손에 넣고 하남을 제압했다. 그리고 한나라 왕 2년 3월에는 황하를 건너서 하동으로 들어가 서위왕 표를 항복시켜 부하로 만들고 5, 60만의 군세를 이끌고 팽성을 노렸다.

서위왕 표가 있던 하동 지방(산서성 서남부)은 서쪽으로 진군을 하면 관중의 안전을 위협할 수가 있고, 남쪽으로 진출하면 관중과 형양의 연락을 끊고 초나라 군대와 연합해서 형양을 협공할 수가 있는 지역이었다. 요컨대 천하의 형세를 양다리 걸치고서 조감鳥瞰(높은 곳에서 아래를 비스듬히 내려다 봄)할 수 있는 요지였다.

반면 하동 땅은 한나라 군대 쪽에서 보면, 그야말로 등에 박힌 가시처럼 신경이 쓰이는 장해물이었다. 그러한 가시를 제거해 버리려고 유방은 사신을 보내서 서위왕 표를 다시 한 번 자기편으로 끌어들이려고 부단히 설득했지만 끝내 승낙하지 않았다. 그래서 그해 8월, 유방은 한신과 조참 등에게 부대를 이끌고 가서 서위왕 표를 공격하게 했던 것이다.

서위왕 표는 한나라 군대가 침공해 온다는 말을 듣자, 백직柏直을 대장에 임명하여 전군을 통괄하게 하고, 황하의 동쪽 연안에 있는 포판(지금의 산서성 영제현 서쪽)을 굳게 지켜서 황하의 나루터인 임진을 봉쇄하여 한나라 군대의 도하를 저지하게 만들었다.

백직은 별동대를 편성하여 황하를 따라서 순찰하게 만들었고 민간의 배를 모조리 옮겨 강을 왔다갔다하거나 정박해 있지 않도록 명했다. 부서의 배치가 끝나자, 백직은 이제 한나라 군대가 황하를 건너려면, 난공불락인 포판의 요충지를 돌파하는 것밖에는 더 이상 길이 없다고 자신 있어 했다.

'실實'을 피하고 '허虛'를 치는 전법

한신韓信은 병사들을 이끌고 전선에 도착하여 포판이 자못 험

준한 요충지인 동시에, 위나라 왕 표가 수많은 병력을 동원하여 수비를 굳히고 있는 것을 보자, 정면 공격은 승산이 없다는 것을 알았다. 한신은 연구를 거듭한 끝에, "동쪽이라고 외치고 서쪽을 친다", "실을 피하고 허를 친다"고 하는 전법을 취하기로 결정했다. 한나라 군대의 진영을 포판의 대안에 설치하고 그 주위 일대에 깃발을 잔뜩 세우게 했다. 그리고 군선들을 전부 집결시켜서 낮에는 병사들에게 북을 치며 함성을 지르게 하고, 밤에는 휘황하게 횃불을 켜게 한 채 부지런히 군대를 이동시켰다. 황하를 건너려는 것처럼 보이기 위한 계책으로 실은 주력 부대를 은밀하게 북쪽으로 이동시켜, 도하 지점으로 하양(지금의 섬서성 한성현의 남쪽)을 택했던 것이다.

위나라 왕 표의 군대는 대안에 있는 한나라 군대의 요란스러운 행동을 보고, 틀림없이 한신이 포판에서 도하하려고 한다고 생각했다.

"포판의 요새는 이처럼 견고하고 대군이 지키고 있는데다 황하의 물살은 굉장히 빠르다. 한신이 제 아무리 재능이 풍부한 무장이라 하더라도 어떻게 해볼 도리가 없을 것이다. 우리는 이 요새만 굳건히 지키고 있으면, 아무것도 걱정할 것이 없다."

백직은 그렇게 생각하고 있었다. 그렇기 때문에 황하 상류의 방비에 대해서는 전혀 생각조차 하지 않았다. 맹점盲點은 누구에게나 있다. 어떠한 일이든 맹점이 있으니까 맹점이 되지 않도록 조심하지 않으면 안 될 것이다.

한신은 하양에 도착하자 병사들에게 명해서 수많은 목제의 병(목앵병 : 나무에 항아리를 묶은 일종의 뗏목)을 만들게 하고, 그것을 연결시켜 그 위에 판자를 얹어 물에 띄워서 뗏목으로 삼았다. 이런 뗏목은 안정감이 있을 뿐만 아니라 부력 또한 상당하다. 한나라 군대는 이 뗏목을 타고서 하양에서 비밀리에 황하를 건넜던 것이다. 위나라 왕 표의 군대는 그곳에 아무런 방비책도 강구해 놓지 않았기 때문에 한나라 군대는 순조롭게 황하를 건너서, 위나라 후방의 중요 도시인 안읍安邑을 공격했다.

위나라 왕 표는 황급히 맞서 싸웠으나 이미 한신의 상대가 되지는 못했다. 며칠도 지나지 않아서 한신은 한나라 군대를 지휘하여 위나라 군대를 무참하게 격파하고, 마침내 위나라 왕 표를 생포하여 형양에 주둔하고 있는 유방에게 보냈다.

정의의 싸움에 권모술수는 쓰지 않는다

한신은 위나라를 멸망시키자 즉각 유방에게 편지를 보내서 3만의 병력 증원을 요청했다. 서쪽에서 할거하는 조趙나라와 대代나라를 멸망시켜, 전국戰局 전체에서 불리했던 한나라 군대의 불리한 상황을 뒤집어엎고 싶다고 했다. 유방은 한신의 작전을 승인하고, 보병 3만 명을 선발하여 하북의 상황에 정통한 장이張耳를 파견해서 한신을 돕게 했다.

한나라 왕 2년 9월, 한신은 대나라 군대를 격파하고 재상인 하설夏說을 포로로 붙잡았다. 위나라를 멸망시키고 대나라를 평정한, 두 차례의 승리로 한신은 대량의 포로들을 편입시켜 한나라의 병력을 증강시켰다.

한나라 왕 3년(기원전 204년) 10월, 한신은 수만의 병사들과 말들을 이끌고 동진하여 태행산을 넘어서 조나라에 대한 공격을 개시했다. 한나라 군대와 조나라 군대는 조나라 서쪽 국경에서 가까운 험난한 요새인 정형구에서 주우하여 결전의 막을 올리게 되었다.

정형구井陘口라는 곳은 태행산을 넘어서 왕래하는 8개의 좁은 산길 중 하나인데, 험난한 산골짜기로 인해 교통이 가로막힌 곳이다. 지금의 하북성 정형현의 동쪽에 있는 토문관이 그곳인데, 정형구의 서쪽에는 대략 100리에 이르는 굉장히 좁은 오솔길이 있을 뿐으로 군사적 요충지이지만, 지세가 험해서 지키는 것은 쉽지만 공격하는 데는 애를 먹는 곳이었다.

조나라에서는 조나라 왕 헐歇과 군부를 총괄하는 진여陳餘가 10여만 명의 병사들을 모아서 이 정형구를 굳게 지키고 있었다. 이에 맞서 싸우는 한신의 군대는 수만의 병사들에 지나지 않았고, 더구나 그 태반은 갑자기 긁어모은 병사들이어서 훈련이 덜

되어 있고 전투 경험도 없었다. 따라서 겉보기에는 조나라 군대가 압도적으로 우위에 있었다.

싸움이 시작되기 전에, 조나라 군대의 참모 이좌거李左車가 총사령관인 진여에게 하나의 작전 계획을 세워 보냈다.

우선 이좌거는 이렇게 지적했다.

"한나라의 장수 한신은 위나라 왕 표를 포로로 만들고, 병사들을 보내서 대나라를 격파하여 유혈을 밟은 지 얼마 안 되며, 지금 또 유방은 장이를 보내서 한신에게 협력하게 하여 승리의 여세를 몰아서 밀고 들어와 조나라를 공격하려고 합니다. 한나라 군대의 사기는 매우 왕성해서 정면으로 상대하기가 어려울 것 같습니다. 우리 쪽에서는 그 날카로운 예봉을 피하지 않으면 안 됩니다. 적을 경시하는 것은 금물입니다."

이어서 이좌거는 적을 격파할 계획을 설명했다.

"한나라 군대는 멀리로부터 원정을 와서 우리나라를 공격하는 것이니까, 식량도 1천 리나 되는 먼 곳에서 운반해 오지 않으면 안 됩니다. 그것은 마치 나무꾼이 장작을 패고 풀을 베고 나서야 취사에 착수하는 것과 같아서, 병사들이 전부 다 배불리 먹을 수가 없습니다. 그리고 정형구의 길은 좁아서 마차 2대가 나란히 통과할 수가 없습니다. 몇 백 리에 이르는 이 좁은 길을 전투 부대는 통과할 수 있다 하더라도, 식량과 군수품을 운반하는 부대는 훨씬 뒤로 처질 것이 분명합니다. 그래서 생각했습니다.

저에게 3만의 병사를 기습 부대로 내주십시오. 지름길에서 한나라 군대의 군수품 부대를 습격해서 식량을 빼앗아 그들의 보급로를 절단하는 동시에, 그 퇴로까지 차단해 버리겠습니다. 장군께서는 조나라 군대를 인솔해서 도랑을 깊이 파고, 성루를 높이 쌓아 견고한 진지에 의지하여 굳게 지키되, 결코 한신과는 결전을 벌이지 않도록 하십시오. 싸울래야 싸울 수 없고, 물러날래야 길이 없는 그런 상황으로 적을 몰아넣으면, 10일도 채 지나지 않아 한신과 장이의 목을 조나라 왕의 휘하에 헌상할 수 있을 것입니다. 부디 이 계획을 유념해 주십시오. 그렇지 않으면 우리 군대는 틀림없이 당하고 말 것입니다."

적의 기세를 꺾기 위하여 천연의 지형을 살펴 유리하게 만들어, 기병에 의해서 습격하는 이 작전은 이치에 들어맞는 것이었다. 적과 아군 양쪽의 실제 상황을 냉철하게 분석해 짜낸 온당하면서도 확실한 작전이었다.

그러나 진여는 대의명분을 중시하는 유학자였다. "정의의 싸움에 사모詐謀(속여 넘기려는 꾀)와 기계奇計(교묘한 꾀)는 쓰지 않는다"는 것이 그의 신조였다. "10배라면 적을 에워싸고, 2배라면 가능한 한 싸운다"는 손자 병법(〈손자〉는 좀 더 자세히 병법을 언급했다. 즉, "10배라면 적을 에워싸고, 5배라면 적을 공격하고, 2배라면 적을 나누고, 비슷하면 적과 싸우고, 적으면 될 수 있는 대로 도망쳐라"고 했다)의 명제를 근거로 삼은 것이다.

"한나라 군대는 수만의 병사들을 갖고 있다고 하나, 실제로는 수천 명에 지나지 않는다. 더구나 1천 리의 길을 원정하여 우리 조나라를 공격하는 것이다. 그러니까 병사들은 이미 지칠 대로 지쳐 있을 것이다. 이런 약한 병사들을 피하고 공격하지 않는다면 앞으로 좀 더 강한 적에게 공격당할 경우, 어떻게 저항하려고 하는가? 그런 짓을 했다가는 제후는 우리들을 겁쟁이라고 생각하고 손쉽게 공격해 올 것이다."

결국 진여는 이좌거의 작전 계획을 채용하지 않았다.

〈손자孫子〉는 병법의 고전일 뿐만 아니라, 지금도 충분히 통용되는 병법서이다. 비단 전쟁뿐만 아니라 경쟁 사회에서 각종 보이지 않고 소리없는 전쟁을 치를 때에도 지침서로 활용할 수 있는 제1급 전략서이자 전술서이기도 하다.

그러나 이것을 곧이곧대로의 융통성 없는 불변의 법칙으로 받아들여 한 글자, 한 문구를 진리처럼 여기는 것은 너무나 위험천만한 일이다.

이것은 손자 자신도 경계한 것인데, 반면 진여는 유교적인 정의正義를 중요시하여 이를 최우선으로 삼아 이좌거가 제안한 전략을 잔꾀로 치부하고 수용하지 않았다.

상식을 뒤엎는 전술이 가져다주는 승리의 지름길

한신은 깊은 꾀와 먼 장래를 내다보는 생각을 가진(심모원려 深謀遠慮) 군사 전문가이다. 젊었을 적에, 회음성(강소성. 회수 부근으로 지금의 청강 근처)의 도축장 동료가 죽을 용기가 없다면 내 사타구니 밑을 기어가면 용서해 주겠다고 말했을 때, 납죽 엎드려 네 손발로 그 젊은이의 사타구니 밑을 빠져 나갔었다. '한신의 사타구니 기어가기'는 너무나 잘 알려져 있는 일화로 시정의 웃음거리가 되었다. 얼핏 보기에는 겁쟁이 같지만 그 속에 숨겨진 큰 배짱은 심모원려로 뒷받침된 기량에 의한 것이라는 평가를 받고 있다. 또한 심사숙고한 후에 실행에 옮기는 군사 전문가(숙려단행 熟慮斷行)로도 평가를 받고 있다.

한신은 조나라와의 군사력 차이가 너무나 커서 정면에서 진격하면 맹공을 가할 수 없다는 것을 잘 알고 있었기 때문에, 대군을 정형구에서 상당히 떨어진 땅에 머무르게 했다. 그리고 형세를 관찰하면서 조나라 군대의 부서를 상세하게 연구하고 유리한 공격 기회를 노리고 있었다. 또한 첩자를 풀어 정찰을 내보내서 조나라 군대를 은밀히 탐색하게 했다. 첩자는 진여 장군이 이좌거의 작전을 불리치고 채용하지 않았다는 것을 보고했다. 한신은 마음속으로 크게 기뻐하면서 즉각 병사들을 이끌고 동쪽으로 향했다.

성형구에서 30리가량 못미친 곳에 두달하자(하나라 시대와 현대는 거리를 거의 비슷하게 계산해도 된다), 그곳에 군대를 머물게 했다. 그리고 나이가 젊고 용맹한 기병 2천 명을 뽑아서 각자에게 빨간색 깃발을 휴대하게 만들고, 야반을 기다려 암흑 속 산간의 지름길을 따라서 은밀히 조나라 군대의 진영인 포독채산쪽(137쪽 지도 참조)으로 우회시켜 잠복시키기로 했다.

"내일 우리는 조나라 군대와 결전할 것이다. 조나라 군대는 우리 군대가 후퇴하는 것을 보면 틀림없이 진영을 비우고 전군을 동원하여 추격해 올 것이다. 너희들은 조나라의 진영이 텅 빈 사이에 재빨리 공격해 들어가, 조나라 군대의 깃발을 모두 뽑아 버리고 우리 한나라 군대의 빨간 깃발을 세우도록 하라."

한신은 잠복해 있는 부대에게 그렇게 명했다.

모든 수배가 끝나자, 한신은 식사를 나누어 주라고 명했다. 그런데 여느 때와는 조금 달랐다. 다른 때에는 싸움을 앞두고는 반드시 식사를 배부르게 먹었는데, 웬일인지 그날은 얼마 안 되는 양밖에 나누어 주지 않았다. 장병들이 의아해하자 한신이 말을 이었다.

"모두들 일단 조금만 먹어 두기 바란다. 날이 밝으면 조나라 군대를 크게 무찌르고 나서 회식을 성대하게 할 테니까 말이다."

한신의 말은 전혀 믿음이 가지 않았다. 조나라 군대는 병력이 상당하고 기세가 등등한 강적이라는 것을 모두들 잘 알고 있었다. 하지만 병사들은 일단 "알겠습니다" 대답하고 출발했다.

2천의 기병들을 출발시키고 나자 곧 한신은 다시 1만의 인마를 선봉 부대로 삼아서 정형구 부근까지 전진시키고, 면만수綿蔓水를 따라서 진을 치게 했다. 면만수는 지금의 산서성 태원 부근에서 동쪽으로 흘러가다가 정형 근처에서 북쪽으로 돌아서 흘러가는 그 당시에는 수심이 깊고 물살이 빠른 강이었다.

한신은 진여가 한나라 군대를 일망타진하려는 의도를 알아챘다. 분명 진여는 이 1만의 선봉 부대에게는 공격을 가해 오지 않을 것이다. 그래서 한신은 선두 부대를 이끄는 장군에게 이렇게 명했다.

"조나라 군대는 이미 유리한 지형을 점거하고 성벽을 쌓아 놓았다. 그러니까 서둘러 공격해 오는 일은 없을 것이다. 더구나 이 선두 부대는 주력도 아니고, 대장의 깃발과 북도 갖고 있지 않다. 그렇기 때문에 진여는 무슨 일이 있어도 너희들을 공격하지 않을 것이다. 너희들을 초장부터 공격해 버리면, 뒤따라오고 있는 우리 한나라의 주력 부대가 되돌아가 버리지 않을까 걱정되기 때문이다."

아니나 다를까 전쟁의 상황은 한신이 예상한 대로 전개되어서 선두 부대는 장해에 부딪치는 일 없이 순조롭게 면만수 동쪽 연안에 도달해서 진지를 구축했다. 조나라 군대는 한나라 군대가 퇴각할 길도 없이 물을 등지고 진을 치고 있는 모습을 멀리서 지

셔보고 있있다. 조나라 군사들은, 한신이란 자는 본래 병법 같
은 것은 전혀 알지도 못하는 자라고 크게 비웃었다.

최후의 일격으로 '우위'를 완전 승리로 만들어라

한나라 군대가 한신의 계획에 따라서 배치를 완료하고 나자
하늘이 희뿌옇게 밝아오기 시작했다. 한신은 자신이 직접 한나
라 군대를 인솔하여 대장의 깃발과 의장儀仗(왕이 행차할 때 세
우는 기구)을 세우고, 북을 울려대면서 함성과 함께 정형구로 쇄도
했다.

한편, 진여는 한나라 군대가 진격을 개시했다는 것을 알자,
적을 격멸시킬 기회가 왔다고 생각하고 즉각 조나라 군대에게
출격을 명했다. 조나라의 대군은 산과 들을 가득 메운 채 한나라
군대를 향해서 돌격했다. 상당한 시간 동안, 한나라와 조나라의
양군은 격전을 벌였다. 이윽고 한신과 장이는 일부러 패한 척을
하면서 깃발과 북과 의장을 모두 내동댕이치고는 면만수 방향으
로 후퇴했다. 조나라 왕 헐과 진여는 한신과 장이의 군대가 후퇴
하는 것을 보자, 한나라 군대가 정말로 패한 것이라고 착각을 하
고 전군에게 추격을 명했다. 10여 만의(혹은 20만이라고도 한다) 조
나라 군대는 진지를 텅 비어 놓은 채 한나라 군대의 깃발과 북과

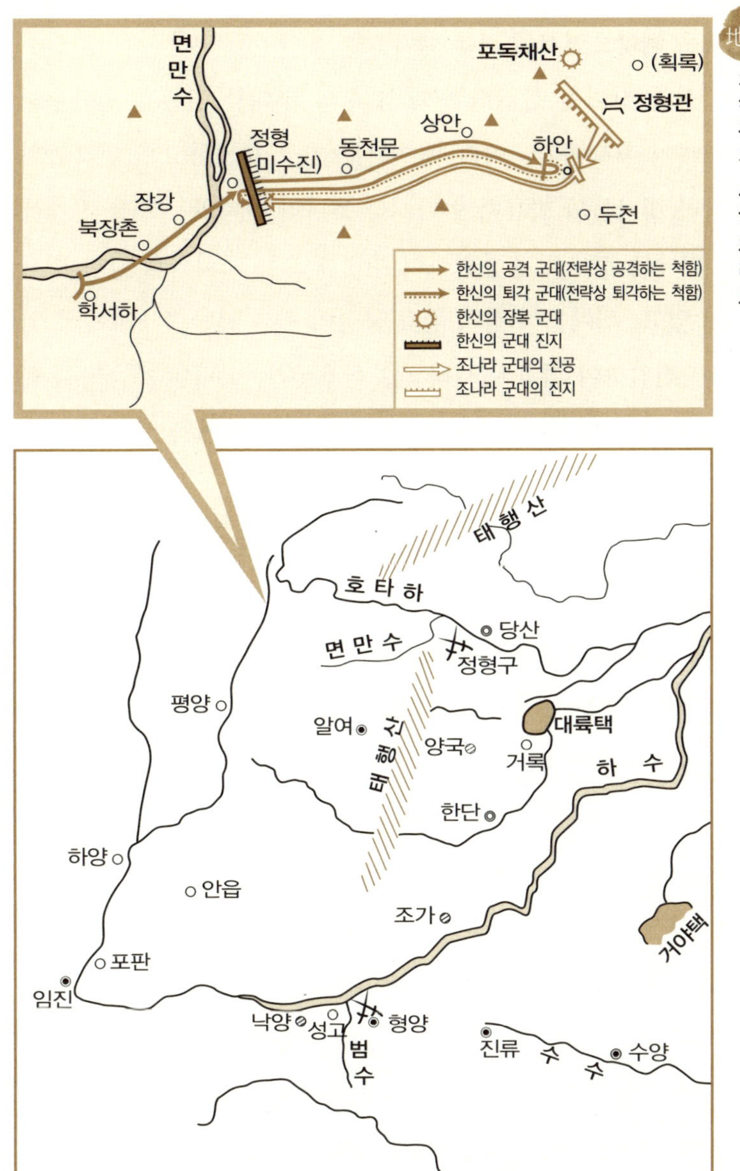
地圖
정형구의 싸움 관련도
면만수
포독채산
(획록)
정형관
정형(미수진)
동천문
상안
하안
장강
두천
북장촌
학서하
한신의 공격 군대(전략상 공격하는 척함)
한신의 퇴각 군대(전략상 퇴각하는 척함)
한신의 잠복 군대
한신의 군대 진지
조나라 군대의 진공
조나라 군대의 진지
태행산
호타하
면만수
당산
정형구
평양
알여
양국
대륙택
거록
태행산
하수
한단
하양
안읍
거야택
조가
포판
임진
낙양
성고
형양
범수
진류
수양

의장을 빼앗으면서 추격을 했다.

한신과 장이는 한나라 군대의 주력 부대를 이끌고 면만수의 강가까지 후퇴하자, 미리 배수진을 치고 대기하고 있던 1만의 한나라 병사들과 합류하여 다시금 조나라 군대와 격전을 전개했다. 앞에는 전군을 총동원하여 추격해 오는 조나라의 강한 병사들이 있고, 뒤에는 수심이 깊고 물살이 빠른 면만수가 흐르고 있었다. 전진하여 적과 필사적으로 싸우든가, 아니면 조금씩 후퇴하여 강물 속에 빠져 죽든가, 둘 중에 하나밖에 선택의 여지가 없었다.

그래서 한나라의 장병들은 죽을 힘을 다해 한 사람이 열 사람을 상대로 싸우기 시작했다. 조나라 군대는 우세한 병력만 믿고 쉴 새 없이 돌격을 되풀이했지만, 아무리 해도 적의 진지를 격파할 수가 없었다. 십여 만의 조나라 군대는 면만수의 강가에서 꼼짝달싹 못하게 되었다.

이미 조나라 군대 진영의 배후에 있는 포독채의 산속에는 한나라 2천 명의 기병들이 잠복해 있었다. 조나라 군대가 진영을 비워 놓고 출진해 나가는 것을 보자, 즉각 그 허를 찔러서 조나라 진영을 공격하여 조나라 군대의 깃발을 모두 뽑아 버리고, 한나라 군대의 빨간 깃발로 바꿔 꽂았다. 눈 깜짝할 사이에 조나라 군대의 진영이 한나라 군대의 진지로 바뀌어 버린 것이다.

그 무렵, 조나라 군대는 면만수의 강가에서 반나절 가량이나 한나라 군대를 상대로 고군분투했으나 승부가 나지를 않았다. 아무리 싸워 봐도 이길 수가 없었다. 거듭되는 돌격으로 병사들의 피로는 심해져 갔다. 한신과 장이를 생포하려는 계획이 수포로 돌아갔다는 판단이 서자 진여는 징을 쳐서 철병을 명했다. 그러자 지칠 대로 지친 조나라 병사들은 떼를 지어서 철수하기 시작했다.

철수를 하면서 문득 고개를 든 조나라의 병사들에게 자신들의 진영에 빽빽이 꽂혀 있는 한나라 군대의 빨간색 깃발이 눈에 가득 들어왔다. 조나라 왕이 이미 한나라 군대의 포로가 되었다고 판단한 조나라의 병사들은 놀란 나머지 새파랗게 질려서 창과 갑옷을 버리고 뿔뿔이 사방으로 흩어져 도망쳤다. 조나라의 장수들은 이를 제지하기 위해 도주하는 병사들의 목을 베어 죽였으나 자신의 군대의 괴멸을 막을 수는 없었다.

조나라 군대의 진영을 점거한 한나라 군대는 그 기세를 몰아 진격을 계속했고, 한신이 지휘하는 주력 부대도 동시에 반격해서 조나라 군대를 산산조각 내 버렸다. 그리고 조나라 진여 장군의 목을 베고, 조나라 왕 헐을 포로로 붙잡았다. 이렇게 하여 한신이 이끈 한나라 군대는 정형구의 싸움에서 완전한 승리를 거뒀던 것이다.

배수진을 치고 덤벼라

싸움이 끝나자, 한나라 장수들은 각자 베어 낸 적의 목을 바치고 포로의 수를 보고하고 승리를 자축했다. 장수들은 한신의 작전을 마음속으로 감탄하고 있었는데, 아직도 한 가지 납득이 가지 않는 것이 있었기에 확인을 청했다.

"병법에 의하면 행군과 포진을 할 때에는 반드시, '산모서리를 오른쪽으로 등지고, 수택(늪)을 왼쪽 앞에 두어야 한다'고 되어 있습니다. 그런데 장군님은 병법과는 반대로 배수의 진을 치고, 밥은 조나라 군대를 무찌르고 나서 충분히 먹을 수 있다고 말했습니다. 납득이 가지 않은 일이었지만, 싸움에는 이겼습니다. 이것은 어찌된 영문입니까?"

그러자 한신이 대답했다.

"물을 등지고 진을 친다는 것은 병법에도 써 있다. 다만 너희들이 깨닫지 못했을 뿐이다. 병서에도 "사지死地에 몰아넣으면 살고 망지網地에 두면 멸망하지 않는다(병사들을 위험한 땅에 집어넣어야 비로소 용기를 내서 싸우게 할 수 있고, 죽음 속에서 목숨을 구할 수 있다는 뜻 〈손자〉의 구지편)"고 써 있지 않으냐? 배수진을 친 것은 이 이치에 따른 것이다. 내가 우리 군대와 행동을 함께한 시간이 그다지 길지 않아 아직 참다운 위엄과 덕망을 얻지 못했다는 것을 잘 알고 있다. 게다가 우리 한나라 병사들 대다

수는 새로 모집한 신병들이어서, 훈련도 충분히 받지 못해 전투 의욕도 그다지 높지 않았다. 새로 편성한 군대를 지휘하여 싸우는 것은 마치 시정의 백성들을 동원해서 싸우게 하는 것과 같다. 그래서 모두를 후퇴할 길이 없도록 '사지'에 몰아넣고 분발하여 자발적으로 싸우게 만들고 필사적으로 몸을 던져 부딪치게 만든 것이다. 만일 도망칠 수 있는 길이 있는 안전한 곳에 병사들을 배치했다면, 전투가 격렬해지면 질수록 앞을 다투어 도망쳐 버렸을 것이다."

한신은 군사 전문가로서 전장의 전체 상황을 정확히 꿰뚫어 보고, 병사들을 냉철하게 통솔한 나무랄 데가 없는 지휘관이었다.

옛날이나 지금이나 아마도 이런 지휘관이 높이 평가받는 것은 자명한 일이다. 장수들은 한신의 말에 모두 동의했다.

"과연 훌륭하십니다. 저희들은 도저히 따라갈 수가 없습니다."

승리를 향한 매진과 정의의 관철, 어느쪽이 더 중요한가?

후일담에 의하면 한신은 전쟁이 끝나고 이렇게 말했다고 한다. 만약 정형구의 싸움에서 조나라 측에서 이좌거의 작전 계획을 채용했다면, 한나라 군대는 틀림없이 제대로 싸워 보지도 못한 채 괴멸당했을 것이라고 말이다.

싸움이 끝나자 한신은 이좌거에게 후한 대접을 했으며 죽이기는커녕 천금을 주어 신병을 확보하고 자신은 서쪽으로 향하고, 동쪽으로 향하는 이 좌거를 배알했다. 요컨대 사사師事(스승으로 모시고 가르침을 받음)하는 자세를 취했던 것이다.

그리고 이 전승의 기세를 타고 북진하여 연燕나라를, 동진하여 제齊나라를 무찌르려면 어떻게 하면 좋으냐고 가르침을 청했다.

이좌거는 "망국亡國의 대부는 국사를 도모하지 않고, 패군의 장수는 용기를 얘기하지 않는다"고 하면서도, "지금은 병사들을 휴양시키고, 전쟁의 피해를 입은 조나라의 국정을 안정시키고 그 고아들을 불쌍히 여기고, 백 리 이내의 땅에서 술과 고기를 마련하여 사대부를 대접하고, 병사들에게도 마시게 한 다음, 연나라 정벌의 방침을 세우는 것"이 좋다고 간했다고 한다.

한나라 왕은 중원의 안녕과 평온을 유지해야 한다는 것과, 연나라와 화친을 도모하는 것이 중요하다고 차근차근히 얘기하자, 한신은 깊숙이 고개를 끄덕였다.

정형구에서 한신이 조나라를 무찌른 싸움은 조나라와 한나라의 전쟁 가운데서 중요한 위치를 차지한다. 이 싸움으로 한신의 '배수진背水陣' 이라는 병법이 후세에 전해지고, 뛰어난 군사 전문가로서의 이름도 남기게 되었다. 소수의 약한 병사들을 이끌어 압도적으로 우세한 적에 대적해서 배수의 진을 쳐서, 아군을 사지에 몰아넣고 병사들의 자발적인 전투 의욕과 능력을 이끌어 내 승리를 거둔 재능은 정말로 탁월한 것이었다.

그러나 언제나 정의의 군대를 전장에서의 이념으로 삼고, 사악한 모의와 기묘한 꾀를 쓰는 것을 마다하여 이길 싸움에 패한 진여도, 자신의 신념에 목숨을 바친 사람으로서 칭찬해야 할 만한 일일 것이다.

제六장

승리의 여신은 비정함을 좋아한다

냉철함의 유지가 승패를 좌우한

해하의 싸움(초나라 vs 한나라 ; 기원전 202년)

순간의 망설임은 승패를 갈라놓는다. 항우는 유방을 죽일 기회를 여러 번 얻지만 머뭇거리다가 놓치고 마는데 그 결과 천하 패권의 자리를 영원히 뺏기고 만다. 반면 철저하게 비정했던 유방은 강화 조약만 믿고 후퇴하는 항우의 뒤를 쫓아가 대패시키고 한나라를 세운다. 유방이 천하를 다스리는 왕의 자리를 얻은 것은 잔혹하리만치 냉정했던 그의 비정함에 있었다.

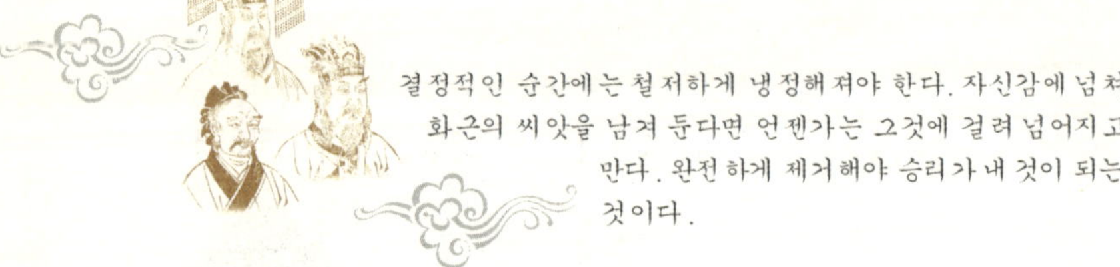

"장기"의 뿌리가 된 역사상 최고의 싸움

'진나라 말末, 한나라 초初'라고 하는 말이 있다. 이 시대는
쇠퇴하는 마이너스의 힘과 융성하는 플러스의 에너지가 서로 팽
팽하게 달려가면서 차츰차츰 대체되어 간다.

'말末'과 '초初'는 뒤섞여 있다가 혼돈 상태를 거쳐 도태되는
것은 역사에서 모습을 감추고, 그 대신 새로운 세력이 이전부터
거기에 있었던 것처럼 행동한다. 그러나 그 내실을 꼼꼼히 더듬
어 보면, 역사는 그 인과관계를 정확히 보여 준다는 사실을 깨달
을 수 있다.

진나라가 쇠퇴하고, 초나라와 한나라가 사투를 펼친 불과 몇
년간(기원전 206년부터 202년까지) 진나라, 초나라, 한나라의 세 개
의 에너지가 서로 혼신의 힘으로 부딪친 싸움만큼 후세에 이름

을 남긴 명승부는 없다. 아마도 세계 전쟁사 가운데에서도 이 싸움과 비교할 수 있는 것은 그리 흔치 않을 것이다.

그 가운데서도 초나라 항우項羽와 한나라 유방劉邦이 '패왕' 자리를 놓고 사력을 다한 일진일퇴의 공방전이야말로 명승부 중의 명승부일 것이다. 양쪽 모두 수십만의 병력을 투입한 최대급의 총력전으로 소모전, 지구전이었던 이 전쟁은 그야말로 지모智謀를 다툰 최대의 싸움이었다. 황하 유역의 중원 일대를 넘어 중국 전역에 걸쳐 백성들에게 영향을 미친 싸움으로, 백성을 희생양으로 삼고 민심을 이용해 오랜 세월을 소모한 일대의 결전이었다.

민중을 끌어들인 차원에서 볼 때 그것은 흡사 20세기 중엽의, 그러니까 중국에 인민공화국이 탄생하기 직전까지 계속된 국공國共(장개석의 국민당과 모택동의 공산당) 내전의 양상을 방불케 하는 것이었다.

2천 년이라는 시간의 간격은 있지만, 예나 지금이나 선연하게 떠오르는 지도자 층의 우열과 싸움에 말려들고 끌어들여진 민중의 동향, 민심의 귀추가 무시할 수 없는 중요한 판단 근거가 되었음을 알 수 있다. 또한 철제 무기 병구의 고안은 거마전車馬戰에서 산병전散兵戰으로의 전술 형태를 바꿔 놓았는데, 일련의 모든 사건들에서 역사의 동시성과 필연성을 함께 느낄 수가 있다.

또 한 가지 덧붙인다면, 똑같이 패왕覇王자리를 다투었지만, 결과적으로 패한 항우는 무모하게 천하제일을 지향해 무력으로 싸운 패왕으로 남고, 위태롭게 경쟁에서 이겨 왕좌를 손에 넣은 유방은 태평의 왕도를 구축한 통일 왕조의 영웅으로 추앙받게 됐다는 것이다. 이렇듯 역사는 승자의 입장에서만 기록되는 참으로 비정한 사실을 부정할 수가 없다.

여기서 잠시 장기將棋라고 하는 중국의 지적 놀이 기구에 대해서 설명을 하기로 하겠다. 장기는 '장희將戱' 또는는 '상기象棋'라고도 부른다. 옛날에는 중국에 '7국 장기'가 있었는데, 전국 7웅에 비유한 이 게임은 우선 중앙에 주왕실(황)이 1개 있고, 그 아래에는 진(백), 초(적), 제(청), 연(흑), 한(단), 위(록), 조(자)가 각각 17개가 있어 한 세트가 된다. 경기자는 7명이고, 합종연횡(소진의 합종설과 장의의 연횡설을 이르는 말. 진나라와 6국(연·제·초·한·위·조)사이의 외교 전술을 말한다)하여 그래서는 안 된다, 이렇게 하면 어떨까 하고 형세를 합의해 확인해 가면서 자웅을 겨루었던 모양인데, 실물이 남아 있지 않아서 유감스럽게도 그 이상은 알 수가 없다. 우리가 지금 알고 있는 것은 일본에 전해져서 오늘날 통용되고 있는 장기와 크게 차이가 없는, 말을 조작하는 중국 장기다.

그 장기판에는 눈에 띄게 다른 표현이 있는데, 대치하는 쌍방의 판면 중앙에 '초하楚河·한계漢界'라고 쓰여진 운하가 있어서 양군을 분리시키는 것이다. 이것은 애당초 초나라와 한나라의 항우와 유방의 각축전 중 성고의 싸움에서 유래했다.

역사는 한나라 왕 4년(기원전 203년) 8월이라고 기록하고 있는데 당시 초나라의 항우로서는 이렇게 기록하고 싶지 않았을 것이다. 적어도 그때까지는 이기거나 지거나 하는 일진일퇴의 호승부라고는 하지만 그래도 항우의 진영이 일방적으로 우세하게 천하를 지배하고 있었기 때문이다.

진흙탕 싸움 같던 초나라와 한나라의 정세에 가까스로 새로운 국면이 보이기 시작했는데, 유방 측에서 화의를 청한 것이다. 좀처럼 승낙을 하지 않던 항우도 마침내 마음이 움직여서 천하를 양분하는 안 즉, 중국을 동서로 분할하는 쪽으로 화의가 성립되었다. 홍구라고 하는 수로를 경계로 해서 동쪽은 초나라 영토, 서쪽은 한나라 영토로 정해졌다. 이 기념할 만한 사실이 장기라고 하는 놀이 기구판 위에 남게 된 것이다. 이런 역사적 과정을 알면 유방과 항우의 대결이 중국 역사에 이름을 남기는 최고 수준의 싸움으로, 현대전에 비유해도 손색이 없다는 것을 이해할 수 있을 것이다.

평화주의는 모두에게 환영을 받는다

초나라와 한나라의 대승부, 즉 항우와 유방의 결전은 성고成皋의 싸움(기원전 203년)을 계기로 역전되고, 해하垓下(지금의 안휘성 영벽현의 동남쪽 부근)의 싸움에서 수습되었다. 제대로 역사의 흐름을 파악하자면 항쟁 애당초의 발단을 살펴보지 않을 수 없다. 그렇지 않으면 정확한 판단을 할 수가 없기 때문이다. 충돌에 이르는 과정과 오랫동안 펼쳐졌던 암투, 한나라에 의한 경제 외교, 즉 계획적으로 진행되었던 경제 최우선의 전략을 간과해서는 안 된다.

기원전 206년 2월, 진왕조와의 싸움에서 거의 승리를 거둔 항우는 항복해 온 진나라 군대의 장군 세 명에게 관중의 땅을 3분할해서 맡아 다스리게 했다. 장한을 옹왕(수도는 폐구. 이하 괄호 안의 지명은 그 왕의 수도이다)으로, 사마흔을 새왕(역양)으로, 동예를 적왕(고노)으로 봉했다고 하는데, 실제로는 임명한 것이다.

항우에 의한 본격적인 전토 장악의 분봉도分封圖를 살펴보기로 하겠다.

우선 항우는 형식적인 황제로서 초나라의 회왕을 의제로 추대해 놓았다(수도 = 우이). 그런 뒤, 항우는 스스로를 서초패왕(팽성)이라고 칭했다. 여기에서 말하는 '패왕'이란 무위武威에 의해서 제후를 조종하는 패자覇者와, 문덕文德에 의해서 제후를 다스리는 왕도王道를 겸비하는 상징적인 칭호로 실제로는 왕보다 높은 '대왕大王' 정도의 지위이다. 항우는 그런 식으로 자신의 위치를 왕들과 구별을 하고 싶었던 것이다.

결정적으로 항우가 잘못 지시한 것은 유방에 관한 처우였는데, 이미 관중왕(진나라의 수도 함양 그대로)과 회왕, 제후에게 인정받고 있던 지위에서 한왕(수도 = 남정)으로 제후의 영지를 다른 곳으로 이동시킨 것이다.

진왕조를 타도하기 위한 제후와의 약속 사항으로, 맨 먼저 함곡관을 넘어서 관중으로 들어간 사람이 왕이 된다고 하는 약정을 했던 만큼, 누구도 그것을 일방적으로 파기하는 것은 신의에 어긋나게 된다. 물론 항우에게도 그 나름대로의 입장은 있는데 무공武功, 즉 무력에 의한 실적이 없는 회왕에게는 당연히 제후와의 약정을 주도할 권리가 없으니까 무효라는 것이다. 꽤 곤란하고 미묘한 얘기이긴 했지만, 이런 면이 서서히 효과를 나타내서, 항우의 인기와 권력이 점점 쇠퇴해 갔던 것이다.

여기서 항우가 어떻게 인사권을 행사했는지를 간단히 소개하겠다. 하남 왕(수도 = 낙양)에는 초나라 장군 신양, 은 왕(조가)에는 조나라 장군 사마앙, 상산 왕(양국)에는 초나라 장군 장이, 구강 왕(륙)에는 초나라 장군 영포, 형산 왕(주)에는 진나라의 번양 령인 오예, 임강 왕(강릉)에는 의나라 제후의 중신인 공오, 연 왕

(계)에는 연나라 장군 장도, 제 왕(임치)에는 제나라 장군 전도, 제북 왕(박양)에는 제나라 장군 전안, 서위 왕(평양)에는 위나라 왕 표, 대 왕(대)에는 조나라 왕 헐, 요동 왕(무종)에는 연나라 왕 한광, 료동 왕(즉묵)에는 제나라 왕 전시, 한 왕(양적)에는 한나라 장군 한성을 각각 봉했다.

항우의 득의양양함은 능히 상상이 가고도 남는다. 적어도 그의 뇌리에 그려진 환상의 역사책은 '진秦나라'에 이어지는 강력한 '초楚나라' 였다.

그러나 경쟁 사회에서는 모든 일이 자신이 마음먹은 대로 일방적으로 진행되지 않는다. 항우가 의군義軍을 지휘한다면 유방도 역시 의군을 지휘하고 있었다. 항우가 서쪽을 지향하고 있을 때, 유방은 한걸음 먼저 서쪽으로 달려 가서 그 세력을 착착 넓혀 가고 있었다. 한쪽만이 비대해지는 것은 다른 지역이나 국외의 세력에게는 위협이 되기 때문에 모두 좌시만 하고 있지 않았다. 이것이야말로 경쟁 사회에서 비롯되는 전형적인 세력 관계의 모습이었다.

기원전 206년, 하남으로부터 우회한 유방의 군대가 관중으로 쳐들어와 수도인 함양까지 점거했다. 항우의 군대보다 1개월 빠른 행동이었다. 관중은 함곡관, 농관, 무관, 숙관의 4개의 관문으로 둘러싸인 요새의 땅으로, 진나라의 본거지이며 현재 섬서성 서안에서 바로 서쪽에 있다. 함양을 실제로 누가 통치하고 지배하느냐를 둘러싸고, 유방과 항우 사이에 라이벌 의식이 격화되었다. 그런데 함양 주민들의 인기가 급속도로 유방 쪽으로 기울어지게 되었던 것이다.

그 실상은 이러했다. 적을 저지하기에는 부족한 단 10만의 병사를 이끌고 입성한 유방은 거주하고 있는 백성들의 안녕을 최우선 과제로 삼았다. 11월에 함양에서 동쪽으로 상당히 떨어진 패수의 강가에 진을 친 패공 유방은 거주하고 있는 노인들을 모아놓고 위로와 선무에 주력했다. 진나라의 가혹한 정치로 인해서 고통 받아온 백성들에게 선정을 약속한 것이다. 유방은 계속되는 전란에 시달린 민중에게 다음과 같은 '3개조三箇條'의 평이한 문장으로 일상의 평화를 보장했다.

첫째, 혼란을 틈타서 살인을 저지른 자는 자신의 목숨으로 보상해야 한다.

둘째, 고의로 남에게 상처를 입히고, 타인의 재물을 훔치는 나쁜 무리들은 법에 따라 처벌한다.

셋째, 옛부터 진왕조가 실시해 온 상상을 초월한 악법과 극형은 모두 폐지한다(예를 들면, 진 왕실의 정사政事를 비방하면 일족을 연좌하여 멸살한다, 두 사람이 모여서 담합하는 자는 목을 베어 그 시체를 전시한다 등)

地圖 초나라 대 한나라의 싸움 형세도

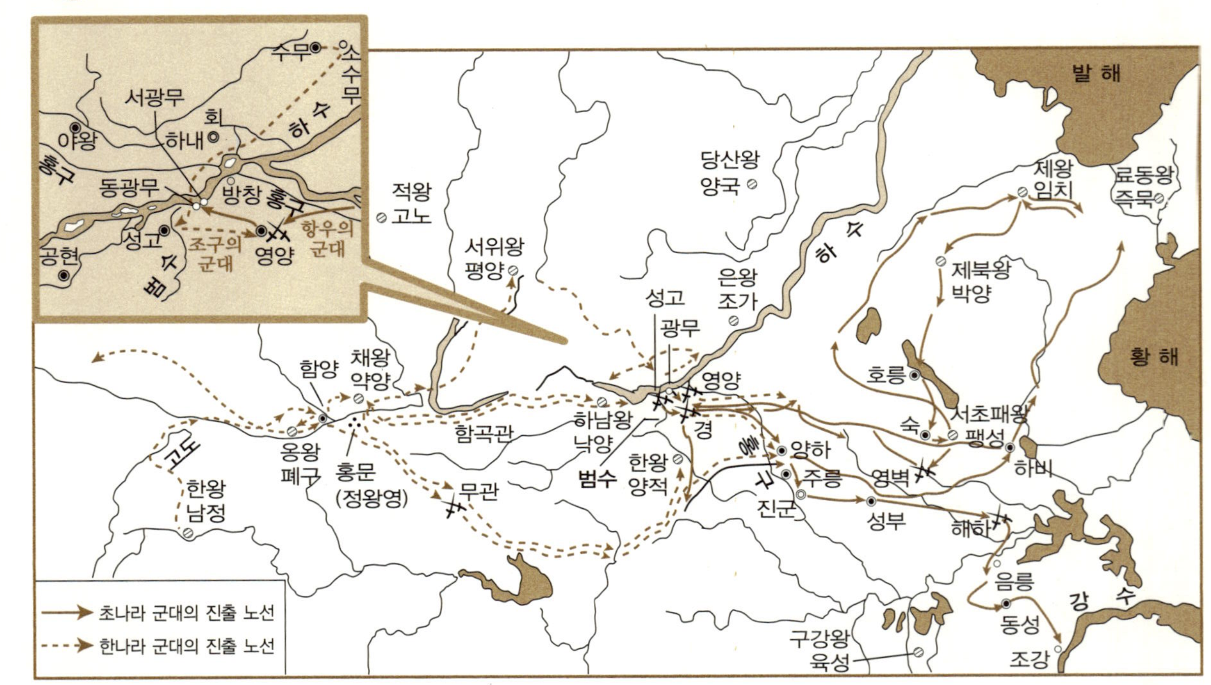

"내가 이렇게 병사들을 이끌고 여기에 온 것은 민중을 위해 이러한 재해를 배제하기 위한 것이므로, 난폭한 짓은 일체 하지 않겠다."

유방은 이렇게 말했다. 그리고 병사들은 절대 성 안에 주둔시키지 않겠다고 공약까지 했다. 그러니 유방과 그 군대가 환영받지 않을 리가 없다.

한순간의 망설임이 운명을 좌우한다

함양의 거리에 이렇게 잠시 동안의 평화로운 나날이 찾아왔으나, 항우가 이끄는 40만의 초나라 군대가 도착하자 유방은 조금 물러날 수밖에 없었다. 결국 그는 함양 주둔을 항우에게 물려주고 말았는데 이렇게 해서 함양의 거리는 무질서와 무통제의 초나라 병사들한테 유린당하게 되었다. 한나라 군대를 대신해서 입성한 초나라 병사들의 행적, 아니 죄행을 열거한다면 다음과 같이 형편없는 것이었다.

• 초나라 군대는 입성하자마자 진나라 왕 자앵을 살해하고, 진왕궁의 온갖 진귀한 보석을 약탈했다.
• 수많은 여인들을 납치하여 강간을 자행했다.

• 진나라의 왕궁도 방화를 면치 못했다. 큰 화재는 3월에도 그치지 않았다.

말하자면, 이것들은 유방이 엄금한 사항들을 모두 뒤집어엎은 추행들이었다. 불과 1개월 전에, 소차백마素車白馬(장례식의 수레와 말)의 인수, 옥쇄, 부, 절이라고 하는 왕실의 상징과 함께 3대 황제에 오를 예정인 자앵이 유방에게 항복한 사실을 함양 주민들은 잘 알고 있었다. 유방의 선정과는 너무나도 동떨어진, 불난 집에 든 도둑과도 같은 시중의 떠들썩하고 어수선한 황폐와 난맥상이 주민들에게 얼마나 깊은 상처가 되었는지는 불을 보듯 뻔한 일이었다.

12월에 들어서자 초나라와 한나라 양국 왕들의 외면상의 친선 파티가 열렸다. 흔히 말하는 '홍문연鴻門宴'인데 장래의 화근인 유방을 없애기 위한 목적으로 연 계획된 연회라는 것을 알면서도, 유방은 심복인 번쾌를 데리고 연회에 참석했다. 연회가 절반쯤 진행되었을 때, 범증이 여러 차례 항우에게 지금이 기회라고 신호를 보냈지만, 항우는 움직이려 들지 않았다. 검무劍舞를 빙자하여 항장이 칼로 찌르려고 하자 항백이 유방을 감싸고, 번쾌가 그 자리에 뛰어들어 주인을 감쌌다. 항우는 그 장면을 보고 주인에 대한 극진한 충성심을 가상히 여겨 술상을 내린다.

기회를 놓치지 말라고 범증은 강하게 신호를 보냈지만 순간 머뭇거리며 때를 놓친 항우의 망설임은 역사의 방향을 크게 바꾸고 말았다. 아니, 역사의 전환이라고 할 정도로 거창한 것은 아니고, 양국 왕의 운명을 바꿔 놓은 것 뿐이라는, 냉정한 관점을 가진 역사가도 있을 것이다.

훗날 사람들의 입에 오르내린 이야깃거리는, 항장의 검무와 번쾌의 용맹이 서로 불꽃을 튀기면서 맞붙은 명장면이었다. 한쪽은 춤을 추면서 찔러 죽일 기회를 엿보는 섬세한 무인, 그리고 다른 쪽은 유방을 칼끝으로부터 지켜 내는 용맹한 심복 부하. 실벌한 장면이 막을 내리자 상황은 대회전으로 발전해 나갔다. 아마 그때 항우는 "내가 우위에 있다"는 자신감으로 얼마간 우쭐해 있었던 것이리라. 그래서 아니, 그렇기 때문에 안녕과 통일을 염원하는 국론國論과 민의民憙에 역행하게 되었을 것이다.

우유부단한 태도는 적에게 기회를 주는 것과 마찬가지다

천하를 잡은 것 같은 기분의 서초 패왕 항우는 유방을 멀리 쫓아 버린 것 같은 홀가분한 마음이 들었겠지만 문제가 남아 있었다.

구시대의 구귀족 가운데 몇 사람만을 뽑아서 왕으로 봉한 일과 낡은 특권층의 부활은 정국政局과 민중의 원성을 사게 되어 진나라 말기의 혼란스런 사회는 여전히 불안이 지속되고 있었다.

민중뿐만 아니라 보상을 받지 못한 구귀족의 원한과 불만 등은 쌓이고 쌓여서, 마침내 제나라의 전영田榮이 반기를 들고 일어나 전도, 전시, 전안을 제압하고 스스로를 제나라 왕이라고 칭했다. 이것이 바로 지방에서 일어난 반란의 시작이었다. 이 반란을 제압하러 항우가 출진하자, 그 틈을 타서 기원전 205년 4월, 한나라 왕 유방이 각국의 제후들과 연합해서 도합 56만의 병사들을 모아 (한나라가 규합한 5개 국은 상산, 하남, 한, 위, 은나라) 동쪽으로 가서 초나라를 공격했다. 항우의 거성인 팽성도 연합군의 손에 떨어지고, 유방은 서초 패왕의 금품과 재물, 심지어는 여인까지도 자기 것으로 만들었다고 한다. 함양에서 받은 굴욕과 원한을 그대로 갚을 생각이었음에 틀림없다.

팽성이 함락당했다는 소식을 들은 항우의 움직임은 재빨랐다. 우선 전영의 군대를 항복시켜 병사들을 생매장하고, 남녀노소를 포로로 붙잡고 나서, 뒷일은 장군들에게 맡기고 자신은 팽성으로 돌아왔다. 항우는 군대를 이끌고 이른 새벽에 기습 공격을 하기 시작하여 수십만 명에 달하는 한韓나라 군대와 그 연합군을 격퇴했다. 패주하는 연합군은 곡수, 사수, 수수의 하천으로 쫓겨 들어가 대패를 당했으며, 나머지는 남방의 산속으로 도망쳐 들어갔다. "수수강은 이렇게 해서 흐르지 않게 되었다"고 〈사기〉 항우 본기에는 기록되어 있다. 하지만 이때, 하늘은 유방편을 들어 주었는데 중국 대륙 특유의 서북으로부터 불어오는 대풍大風 '황사'가 성 안으로 불어닥쳐서 포위당한 유방을 구해 주었다.

"한나라 왕을 세 겹으로 포위하고 있었으나, 마침 이때 대풍이 서북에서 불어와 나무를 부러뜨리고 가옥을 날려 버리고, 모래와 돌을 말아 올려 한낮인데도 매우 캄캄하여, 초나라 군대를 끌어 들이지 못했다. 유방을 포위한 초나라 군대는 크게 혼란하여 뿔뿔이 흩어졌다. 이 기회를 틈타 유방은 남은 수십 기의 기마병과 함께 도망칠 수 있었다."

황사로 인해 낮에도 계속 어두웠기 때문에 초나라 군대는 진격을 할 수 없어서 한나라 군대는 전멸을 모면했다. 영양까지 패주해 온 유방의 군대는 패잔병들을 재정비하고, 증원군을 집결시키기 시작했다. 그리고 식량의 조달이 가능해지자 싸움은 다시 일진일퇴의 교착 상태에서 장기적인 대치 상태로 옮겨 갔다. 혼란기에 이기고 지는 것은 제후들의 마음을 미묘하게 뒤흔들어 놓는다. 승리가 항우 쪽으로 기우는 듯싶자 많은 왕들은 다시 유리한 항우 쪽으로 추파를 던지기 시작했다. 그야말로 오델로 게임(탁상 게임)의 세계인 것이다.

대회전을 앞두고 두 나라 군대는 저마다 현재의 형세를 분석하고 판단하기 시작했다. 항우의 진영에서는 모략에 뛰어난 역양후 범증이 주전론을 전개했다.

"지금 한나라를 격파하지 않으면 안 됩니다. 그들은 병사들의 수와 군비가 우리들보다 훨씬 뒤떨어집니다. 지금 손을 늦춰서 용서라도 해 주는 날이면, 장래에 반드시 화근으로 남게 될 것입니다."

범증은 언제나 항우의 적에 대한 뜨뜻미지근한 태도를 못마땅해하고 있었다.

소小가 대大를 제압하기 위한 비책

분명히 열세에 놓여 있는 유방의 진영에서는 소가 능히 대를 제압할 수 있는 온갖 전략과 전술을 짜고 있었다.

우선, 초나라 왕 항우와 모장 범증을 이간시키는 비책을 실행하였다. 이것이 계획대로 들어맞아서 화가 난 범증은 관직을 내던지고 귀국하던 중에 병에 걸려 죽게 된다. 아마도 분을 이기지 못하여 죽은 것으로 추정된다.

다음으로 한나라 왕 유방은 주력군을 이끌고 영양과 성고의 지형을 이용하여 지구전을 전개한다.

세 번째로, 회군 후 한신이 이끄는 군대가 황하를 건너 주변 일대에 활거하는 세력을 공격하여 초나라 군대를 오른쪽 후방에서 위협한다.

그리고 구강왕 영포를 설득하여 투항시키고, 남쪽으로부터 초나라 군대의 좌후방을 공격하게 만든다.

또한 팽월에게는 양의 땅에서 양동 작전을 전개하여 반항하게 하고, 초나라 군대의 배후에서 큰 소동을 일으키게 한다.

일련의 움직임은 유방 진영이 생각한 대로 착착 진행되어 갔다. 8월, 한신이 이끄는 군대는 황하를 건너가 위, 대, 조나라를 공격하고 연나라를 항복시켰다. 그야말로 도미노의 세계로, 백지라고 생각하고 있던 거점이 모두 검정으로 변했을 때, 전국戰局은 일변하게 되었다.

유방은 여유가 생긴 한신의 병력을 영양으로 돌리고, 정면의 주된 싸움터를 굳혀서 지구전으로 몰아갔다. 기세가 넘쳐서 강을 건너 전진해서 초나라를 공격하고 싶은 조바심이 날 때도 있었지만, 시기 상조라고 간하는 가신들의 의견을 받아들였다. 그리고 주로 식량 확보에 힘쓰고, 적 측의 식량에 불을 질러서 병량 공세를 취하는 등 싸움을 길게 끌고 가려고 노력했다. 걸핏하면 배후를 위협당하던 항우는 그쪽으로도 병력을 나눠 줘야 했기 때문에, 주된 싸움터인 영양과 성고의 병력은 점차 약해져 갔다.

그 사이 요란하게 양동 작전을 펼친 팽월彭越의 부대가 초나라
의 수도에서 가까운 하비에 육박하거나, 일거에 17개 성을 공략
하는 등 눈부신 유격전을 되풀이했다. 그 소란스러움 때문에 항
우는 몇 번씩이나 뒤로 물러나지 않으면 안 되었다.

영양과 성고의 싸움은 전쟁이 시작된 직후에는 초나라 군대가
유리했으나 한나라 왕 3년 10월(기원전 204년)까지의 2년 반 동안
은, 마치 큰톱을 서로 잡아당기는 것과 같은 팽팽한 접전의 상태
가 계속되었다.

그러나 그러는 사이에 드디어 한나라 군대가 주도권을 쥐는
일이 많아졌다. 정반대로, 초나라 군대의 전선은 길어질대로 길
어져서 동분서주하며 차츰 수세에 몰렸다. 그리고 10월, 사수泛
水 도하 진격을 도모한 결전에서 초나라 군대는 패하고 한나라
군대가 대승하여 강화 조약이 맺어지게 되었다.

밀고, 뒤로 물러나고, 가볍게 받아넘기고, 계략에 걸고, 화나
게 만들고, 혼란을 일으켜서 대군大軍이 주춤거리는 것을 단숨에
공격하는 소군小軍의 결전이 연출되고 있는 드라마틱한 장면의
연속이었다.

공격하고 철수할 때는 철수가 승패를 가른다

항우와 유방의 승패는 식량 조달의 유무에 승부가 결정났다.

고국을 멀리 떠나서 싸우는 초나라 군대와, 오델로 게임을 되풀이하면서 자기편을 삼은 동맹군에 둘러싸여 있는 한나라 군대는 식량 공수에서도 큰 차이가 벌어졌다. 이러한 상황을 잘 파악하고 있는 한나라 군대는 초나라 군대의 식량을 탈취하거나, 혹은 불을 질러 태워 버리는 작전으로 나왔다.

싸움이 교착 상태에 빠져 팽팽한 대치를 몇 개월씩이나 계속하게 되자, 초나라 군대의 식량은 바닥이 나 버렸다. 움직이지 않으면 굶어죽기를 기다릴 수밖에 없었다. 공격하려고 해도 공격할 만한 힘이 남아 있지 않았다. 철수하려고 해도 승승장구하는 한나라 군대한테 당장 추격을 당할 것이 뻔했다. 초나라 군대로서는 그야말로 진퇴양난이었다.

적절한 시기를 보아서 유방은 사자使者를 보내 강화를 맺자고 제안했다. 체면상 한 번은 거부했으나, 두 번째 사자를 맞이하고 나서 항우는 유방의 제안을 수락하기로 했다.

"항왕項王은 한나라와 약속하여 천하를 중간쯤에서 나누어, 홍구에서 서쪽 지역을 한나라 영토로 하고, 홍구에서 동쪽 지역을 초나라로 하기로 했다."

홍구鴻溝, 즉 커다란 수로는 일찍이 진나라의 시황제가 관개

용 강물을 대량大梁(지금의 개봉)으로 끌어넣기 위해 만들었다고 한다. 현재의 하로강이라고 하는 설과, 지금은 흔적만 남았을 뿐이라는 설이 있다. 어쨌든 앞에서 설명한 것처럼 중국 장기와 중국어 사전에서는 '초하한계楚河漢界'라는 글자를 찾아볼 수가 있다.

화의가 이루어져서 초나라 군대는 후환에 대한 염려없이 안심하고 고향으로 지친 몸을 이끌고 돌아갔다. 유방은 항우의 군대 진영에 억류되어 있던 아버지 태공(존부)과 아내 여씨를 되찾았다.

한나라 군대 역시 창을 거두고 서쪽으로 돌아갈 예정이었으나, 군사軍師 장량과 진평 장군은 납득하지 않았다.

"지금의 기회를 놓치면, 이제 두 번 다시 기회는 찾아오지 않을 것입니다. 호랑이를 풀어서 산으로 돌려보낸다면 어떤 사태가 벌어질지 알 수 없습니다."

둘은 이구동성으로 직언直言을 했다.

"지금 우리 한나라는 이미 천하의 태반을 차지하고 있고, 대부분의 제후들은 모두 한나라 왕에게 가담하고 있습니다. 항우 진영의 병사들은 지칠 대로 지치고, 식량이 부족해서 비슬비슬하고 있습니다. 지금이야말로 초나라를 멸망시킬 좋은 기회입니다. 만일 지금 항우를 용서하여 보내 버리고 추격을 하지 않게 되면, 이른바 호랑이를 키워서 후환을 남기는 것이 됩니다."

전쟁이 비정하다는 것은 고금의 진리이다. 애당초 불구대천不俱戴天의 라이벌 사이에 맺은 맹약 같은 것은 공수표라는 것을 아는 유방은 두 장군의 말을 받아들여 철저하게 비정非情한 인간이 되었다.

대세를 파악한 재빠른 결단이었다. 한나라 군대는 무방비 상태의 초나라 군대를 추격하고, 한신과 팽월이 이끄는 병사들도 남하하여 결전에 가담했다. 항우를 해하垓下까지 몰아넣는 피할 수 없는 싸움이었다.

난세의 맹약은 믿을 수 없는 허구에 지나지 않는다. 하지만 그런 와중에서도 병사들에게 자신감을 심어 주고 사기를 높이려면 상당히 거창한 연출을 해야 한다. 유방이 연출해 보인 일화를 하나 살펴보자.

항우가 사태를 수습하기 위해 유방에게 일대 일의 승부를 제안했다.

그러자 유방은, "힘이나 무술을 비교하다니, 그것은 어리석은 자나 하는 짓이다. 지혜를 겨룬다면 나도 응하겠다" 하고 반박했다.

화나게 만들려는 속셈이었다. 화가 난 항우가 쏜 화살이 유방의 가슴에 꽂혔다.

그러나 유방은 날쌔게 몸을 구부려 발을 어루만지는 시늉을 했다. "서투르군, 발가락 같은 것을 맞추다니" 하면서, 가슴에 맞은 화살의 상처를 겉옷으로 교묘하게 감추고, 아픔을 참고 군

대를 징렬하여 장수와 군사들의 군례를 받으며 열병閱兵을 계속
했다고 한다.

철저하게 비정한 자가 최후에는 승리한다

한나라 왕 5년 12월(기원전 202년), 항우의 전군은 해하(지금의
안휘성 영벽현의 동남쪽)에서 10중 20중으로 한나라 군대에게 포위
당해 있었다. 병사들의 수도 줄어들고 식량도 떨어지고, 계속된
수많은 싸움에 지쳐서 일말의 저항할 힘도 남아 있지 않았다. 완
전히 전투 능력을 상실하고 있었던 것이다. 당시 에워싸고 있던
것은 한신의 30만의 병사들이었다. 그리고 공희孔熙가 왼쪽을
맡고, 진하陳賀는 오른쪽을 맡고, 한나라 왕은 후방을 맡고, 관
앵관灌과 자장군紫將軍이 그 뒤에 버티고 있었다.

밤에 유방은 병사들에게 초나라의 민요를 부르게 했다. 초나
라의 전 지역이 한나라의 것이 되어서 초나라의 백성들이 징발
당해 한나라의 진영에서 사역당하고 있다고 믿게 만들려는 의도
였다.

초나라 군대의 진영에 전쟁을 싫어하는 분위기를 조성하려고
하는 이 계책은 보기좋게 들어맞았다. 이 사건에서 바로 '사면
초가四面楚歌'의 고사성어가 유래했다. 항우는 후세에 남긴 그 명

시를 노래하고, 우虞미인이 눈물을 흘리면서 화답하여 노래하며 자해했다. 항우는 갈색털의 명마를 타고 불과 28기로 탈출하여 살아남아야 한다는 오강烏江 정장의 권유를 물리치고, 자기목을 자르고 죽었다.

이렇게 해서 항우와 초나라는 멸망했다. 왜, 항우는 패했는가를 냉정하게 분석해 보기로 하겠다.

항우와 유방의 시대는 이미 '춘추 시대'가 아니었다. 그리고 '전국 시대'도 지나갔다. 오랫동안, 아버지에 이어 자식까지도 전장터에서 목숨을 잃는, 수대에 걸쳐 계속되는 전란 속에서 끊임없이 번롱당해 온 민중은 강대한 통일 국가의 출현에 의한 평화로운 생활을 학수고대하고 있었다. '평온한 생활'에 대한 강한 소망은 본능에 가까울 정도로 강렬한 것이었다. 그러한 민심을 읽지 못한 항우는 천하의 패권을 외치면서 구 세력인 봉건 귀족을 자처하고 주로 자신들의 안녕을 도모하기에만 급급했다. 또한 싸움을 하면서 병사들을 생매장하고, 남녀노소를 막론하고 죽였기 때문에 민중의 원한을 한몸에 샀다.

유방이 승리할 수 있었던 원인은 역사의 흐름을 읽고 민중의 마음을 배려한 데 있다. 또한 유방은 전쟁의 각 국면을 정확하게 파악하였고 그것에 대응하는 방법 역시 옳았다. 정면에서 정정 당당하게 포진하고, 적의 후방을 교란하고, 좌우 양날개에서 견제하는 밀티플레어 작전을 전개한 전략이 적중했다. 게다가 상대방의 힘을 역이용해서 힘 관계를 뒤집어놓은 초반의 신속한 행동이 결정적으로 유리한 상황을 만드는 원동력이 되어 주었다. 언제나 선수를 치고 나왔던 것이다. 그 결과, 항우의 초나라 군대는 사방팔방에서 적을 맞이하게 되어 여기저기 뛰어 다니느라 지쳐서 힘을 집중시킬 수가 없었다.

무엇보다 유방이 최후의 승자로 남은 것은 그의 비정非情함에 있었다. 초나라 군대가 힘을 모두 소진하고, 강화 조약을 믿고 후퇴하는 상황에서, 유방은 우위에 있는 대병력을 집중하여 단숨에 밀어붙였다. 그 홍문연에서 항우가 철저하게 비정했더라면 양자의 운명은 어떻게 되었을까?

제七장

이상을 실현하려면 완벽한 실행력이 따라야 한다

민심을 읽지 못한 급진적 개혁이 실패를 가져온

곤양의 싸움(신나라 vs 한나라 ; 기원전 23년)

왕망은 참위설에 의존하여 나라를 변화시켜 보려 했으나 결과는 실패로 돌아갔다. 민중을 잘 살아 보게 하겠다는 의도는 좋았으나 진정으로 어떠한 것이 그들에게 좋은 것인지를 제대로 알지 못했다. 급진적인 개혁에는 그를 수반하는 완벽한 제도와 실행력이 따라 줘야 한다는 것을 여실히 보여 주는 싸움이다.

나라는 이상理想으로만 다스려지지 않는다

한문, 한토, 한자, 한음, 한시, 한민족, 한어, 한문 등의 단어들이 상징하는 것처럼, 중국 역대歷代를 대표하는 왕조는 누가 뭐래도 '한漢' 나라이다. 이제는 한나라 대신에 중국이라는 명칭이 일반화 되었지만 '한'이라는 한 글자가 지닌 영향력은 지대해서 수, 당, 원, 명, 청과 같은 글자로는 대신할 수가 없다.

저 광대하면서도 유구한 중국 대륙의 역사, 지리, 사회, 문화의 모든 것을 단 한 글자로 누구나 알게 만든 그 '한漢' 나라가, 고조 유방에 의해서 창건되고 나서 400여 년 동안에 단 한 번 국가 존망의 대위기에 직면한 적이 있다.

'신新'이라는 왕조를 창시한 왕망王莽이 바로 한왕조의 중국 지배를 중단시킨 인물인데, 그를 급진적 사회주의자로 보는 견해와 당시 유행하던 공상적 이상주의자로 보는 견해가 있다.

서기 8년부터 23년까지, 전한前漢과 후한後漢을 나누면서 불과 15년밖에 명맥을 유지하지 못했던 신왕조는 한왕조의 통일과 연명책에 대하여 거침없이 비판을 가했다. 안이하게 평화를 입에 담으면서 실제로는 민중의 미래를 거시적으로 전망하지 못한 채 미시적 일에만 급급하다고 질타했다.

그러나 모두가 신왕조에 동의한 것은 아니어서 전국 각지에서 일제히 폭동이 일어났다. 농민들에 의한 반란이었는데, 각지의 농민 폭동이 놀랍게도 적대해야 할 보수주의 정론파인 한왕조 일족의 영수領袖와 손을 잡았던 것이다. 그래서 각계 각층의 모든 민중이 왕망을 죽음으로 몰아넣을 수 있었다. 농민 반란군에 녹림산의 의병들을 더해 한나라 군대까지 합세를 했다. 그리고 '소수'가 용케도 '다수'를 이겼다.

이 사건에서 상황을 일거에 뒤집어엎으려고 한 공상가 왕망의 허영심과 육감에 의지한 위험한 대도박의 말로를 확실히 엿볼 수가 있다.

두 진영, 대립하는 두 세력이 최후에 활로를 찾은 것이 바로 곤양(昆陽, 지금의 허난성 예현)의 싸움인데, 왕망은 마치 '항상 지기만 하는 사람이 눈에 새빨갛게 불을 켜고 목숨까지 걸었지만 완전히 털린 사람' 꼴이 되고 말았다.

여하튼 이 싸움은 농민을 주축으로 하는, 지금으로부터 2천

년 전에 일어난 반정부 폭동이었다는 것만은 주목할 만한 일임
에 분명하다.

시대에 안주하는 자는 변혁을 원하지 않는다

민중의 반란은 어디까지나 반란이고 폭동이며, 때로는 강도
취급을 당하기도 한다. 역사는 농민 의병이 녹림산에 근거지를
두고 있었기 때문에 그들을 '녹림군'이라고 불렀다. 그렇다면
녹림綠林이란 무엇인가? 사전적 의미는 다음과 같다.

"도적의 다른 이름으로, 원래는 산의 이름이다. 신新나라의
왕망 때, 신시의 사람인 왕곽과 왕봉 등 불한당 무리 수백 명이
그곳에 숨어서 강도질을 하고, 후에 당나라의 이섭李涉이 '도적
을 만나는 시'를 지어, '바람과 빗소리가 쓸쓸하다, 강위의 마
을, 녹림綠林의 호걸은 밤에 그 정체를 알게 되노라…' 하고 노래
함으로써 도적의 이름으로 쓰이게 되었다."

역사에 있어서 반란은 '악惡을 뜻하는 것으로 도덕을 어기는
일'이었다. 정통이라고 자인하는 역사를 기록하는 자의 입장에
서는 그렇게 단정짓는 일이 옳을 것이다. 그러나 그 악은 곳곳에
서 호응을 얻으며 연쇄 반응을 일으켜 전국 각지를 풍미했다. 일
의 잘잘못은 차치하더라도 당시 한왕조 정권에 대한 불만이 얼

마나 컸는지 알 수 있다.

중국 4천 년의 역사(태고부터 남송 말까지)를 간략하게 기록한 〈십팔사략十八史略〉의 종장에서, 각지의 반란에 대해 아래와 같이 열거하고 있다.

- 천봉 4년(기원전 17년), 형주에 도적이 일어났다. 신시의 사람인 왕곽이 두목이 되었다. 마무, 왕상, 성단이 이를 따랐다. 녹림산 속에 숨어 있었다.
- 5년(기원전 18년), 랑야의 번숭, 동해의 조자도 등이 병사를 일으켰다.
- 지황 3년(기원전 22년), 번숭의 병사들은 스스로 적미赤眉(붉은 눈썹)라고 칭했다.
- 녹림의 병사들이 나뉘어서 하강, 신시의 병사가 되었다.
- 형주에서 평림의 병사가 일어났다.
- 한나라의 종실인 유연 및 동생 수가 병사를 춘릉에서 일으켰다. 신시, 평림의 병사들은 모두 이들을 따랐다.
- 갱시 원년(기원전 23년), 유수가 망의 병사들을 곤양에서 크게 무찔렀다.
- 성기(진주)에서 괴효가 병사를 일으켰다.
- 공손술이 성도에서 병사를 일으켰다.
- 갱시(제나라)에서 장수를 보내 무관을 격파하고, 석析나라의

　왕망의 개혁은 가능성의 여부를 떠나 모두가 반대를 하고 나섰다. 신법新法을 무너뜨리고 개혁改革을 저지하기 위해서 신왕조를 쓰러뜨리는 데 온 나라가 동조한 것이다. 당시에는 유적流賊(적미와 녹림을 가리키며 떼를 지어 여러 곳으로 떠돌며 노략질하는 도둑을 말한다)이 등장하는데, 녹림에서 착취를 해 밀접하게 제휴를 했던 남양의 유씨 일족을 가리킨다. 남양 유씨란 고조 유방의 후손인 경제景帝(기원전 156~141년)의 후예인데, 장사왕에서 춘릉후가 되어 토착한 명문名門이었다.

　그렇다면 무엇에 반대했는가, 왜 반대했는가를 살펴보기로 하자. 우선 급격한 변혁을 따라가지 못하는 민중의 모습을 짚어 볼 수 있다. 이론상으로는, 또는 말로는 왕망이 지향한 개혁에 찬동하고 싶었을지도 모른다. 미래를 놓고 보았을 때 그것은 결코 낡은 것을 고집하는 복고(구법을 굳게 지키는 것)만도 아니고, 공상(실현이 불가능한 유토피아)만도 아니었던 것이다.

　그러나 시대의 흐름에 안주하고 싶어 하는 특정 계급과 계층에게는 변혁과 변화가 가져다주는 불안감이, 이상적 이론의 실현에 대한 소망보다 훨씬 더 컸던 것이다.

육감에 의존한 정책은 지지받지 못한다

왕망이 정권을 장악했던 15년간은 어지러울 정도로 조령모개
朝令暮改(아침에 명을 내리고 저녁에 다시 고친다는 뜻으로, 법령을 자주 뒤바
꿔 혼돈스러움을 이르는 말)가 되풀이되던 격동의 시대였다. 왕망은
급격한 변혁에 치우친 나머지, 마치 신들린 것처럼 앞장서서 독
촉하고 서둘러댔다.

왕망은 한나라 왕조의 외가쪽 친척에 해당되는 명문 출신이었
다. 한나라 원제元帝의 왕후인 왕王씨 서모의 동생인 왕만王曼의
둘째 아들로, 아버지의 요절로 인해 모두가 제후였던 일족 가운
데서 애숭이 말단의 자리에 남게 됐다.

이러한 환경은 오로지 학문에 열중하여 공양, 덕행, 검소, 인
내, 예절, 겸허에 힘을 쏟을 수밖에 없게 만들었다. 그 결과 왕
망은 재능을 갖추게 되고 인망人望이 높아지면서 마침내 숙부들
을 뛰어넘어서 국정의 전권을 손에 넣게 된 것이다.

신도후新都侯가 된 그가 제후까지도 통솔하는 재형宰衡의 지위
에 오른 것은 평제 원시 4년(기원전 4년)이었다. '재형'이란 고대
에 이상적인 정치를 실현했다고 하는 두 사람의 대인물인 이윤伊
尹과 주공단의 관직명에서 각각 한 자씩 따와 만든 말이다. 즉
이윤은 아형阿衡이었고 주공단周公旦은 총재冢宰였는데 이 두 재
상을 훨씬 능가하는 사람이 되고자 '재' 자와 '형' 자를 합해서

만든 것이다.

당시 왕조 말기의 전한前漢정권에는 제후왕이 28명이고, 열후가 120명이나 있었다고 한다. 왕망은 그 상위에 군림했던 것으로 득의만만했던 그의 표정은 상상하고도 남음이 있다. 그러니까 정말 하고 싶은 정치를 할 수 있었을 것이다.

왕망의 등장은 신비적이기까지 했다. 전한과 후한의 중간기에 신학적 미신이라고 해야 할 '참위설讖緯説(천변지이를 중요한 조짐으로 삼아, 음양오행설로 해석하여 불안한 사회 현상에 대하여 길흉화복을 예언했음)'이 대유행을 했다. 길흉화복의 미래 예지로 지금까지의 학문(경학)만으로는 부족한 부분을 보충하겠다는 주장을 폈는데, 점卜의 세계가 혼란스런 정권 내에 침투했기 때문에 일은 더더욱 복잡한 양상을 띠게 되었다.

신의 계시가 정치에 간섭을 하고, 왕조의 중심에서 외척과 그 권속을 움직이고, 정계는 물론이고 학문에서 관료의 자세까지도 지배를 했으니, 아마도 한심스럽고 곤란한 일이 한두 가지가 아니었을 것이다.

실각해서 초야에 묻혀 있던(기원전 6년) 왕망이 복직한 것은 일식이 일어난(기원전 2년) 뒤의 일이었다. 현자賢者 왕망을 억울하게 죄를 뒤집어씌워 쫓아낸 왕조를 하늘이 용서하지 않는 증거라고 세상이 가만히 있지를 않았다. 그래서 다시 불러들였다.

왕망이 개혁을 지향하자 상서로운 조짐이 나타나 왕망의 지위가 올라갔다는데 때를 맞춰 하늘은 왕망에게 여러 가지 부적으로 명령을 내렸다.

원시 5년(서기 5년), 무공현의 우물에서 나온 흰 돌에는 붉은 글씨로, "망이여, 황제가 되라"고 써 있었다. 거절 3년(서기 8년), 새로운 우물을 발견했는데 그 우물에 돌로 만든 소가 출연하여, "참다운 천자는 왕망이니라"하는 말이 써 있었다. 이 부명符命에 따라서 왕망은 즉위했다.

부명이란, '적제의 아들(즉 한나라의 고조 유방)의 옥쇄와 황제가 내리신 금글자의 부적'의 명령을 말하는 것으로 그 정당성을 보증하는 문서였다. 거의 10년에 이르는 주도면밀한 준비 기간을 거쳐서 왕조의 찬탈이 실행되었다.

천변지이와 자연재해의 발생이 점과 계시에 의존하는 접신接神과 신찾기(신에게 빌어 가호를 바람)를 크게 조장했다. 일식, 지진, 암새가 숫새가 된 이변, 겨울에 오동나무에 꽃이 핀 이상한 일, 메뚜기떼의 대발생 등에 대응하여 대사령大赦令(대사를 베풀케 하는 황제의 명령)이 내려지고, 빈민 구제 조치가 취해졌다.

메뚜기를 사들여서 농민의 소득 감소를 보존해 주는 법령을 내리기도 했다. 우박이 내려 초목이 시들자 소나 양을 죽이기도 했다. 이러한 내용들이 쓰여진 정사正史를 읽어 보면, 무엇이든지 좋다고 생각하는 것은 다 해 보려고 했던 대정치가의 모습을 엿볼 수 있다.

전쟁 이야기에 들어가기 전에, 왕망이 행하려고 했던 다방면에 걸쳐 진행된 개혁에 대하여 대충 살펴보기로 하겠다. 그것이 누구에게 불편한 것이었는가를 알아 두는 것도 내용 이해에 참조가 될 것이다.

왕망의 개혁은 정치, 학문, 관제, 농지 제도, 농민 생활, 경제 정책, 화폐 유통과 같은 당시의 사회 생활 전반에 걸쳐서, 구 한 나라 왕조의 것과는 현저하게 다른 양상을 보이고 있다.

메뚜기가 대량으로 발생한 것에서부터 시작된 개혁이라는 점에서 우선 흥미가 느껴진다. 메뚜기의 피해가 발생한 산동 지방에서는 메뚜기를 잡게 하여 그것을 정부가 사들였다. 그리고 조세를 감면해 주었다. 환자에게는 의약품을 지급하고 죽는 사람이 나올 경우, 나라에서 장례 비용을 지급해 주었다.

이것은 가난한 민중을 구제하는 동시에 예의작법(귀족들이 교양으로써 몸에 익혀야 했던 육예 六藝의 하나로 예 禮를 가리킴)에서부터 학문하는 태도에까지 얽혀 있는, 왕망의 학문과 사고의 체계 전반을 반영하고 있는 정책이었다. 예와 제사의 본연의 모습을 덮어 두고 유학에 체계를 세우려고 했다는 평가도 나름대로 일리가 있다.

그 다음에는 행정을 개혁했는데 관명과 지명까지 바꾸고, 행정 구역 전반에 걸친 개혁을 단행했다. 따라서 신설이나 통폐합을 둘러싸고 관계자의 의견이 갈라졌을 것이고 시시비비를 따지기 이전에 번거로워했을 것임이 분명했다.

세 번째로는 화폐 개혁을 했는데 유통 금지와 교환을 둘러싼 대혼란이 일어났다. 서기 7년경부터 몇 번에 나누어서 실시된 대규모적이고 급진적인 개혁이었기 때문에, 과학적이기는 했어도 상당한 혼란을 빚어 백성들의 원망을 초래했다. 유왕조의 '유劉' 자에는 칼도ㄲ자가 숨겨져 있으니까, 기본적인 유통 형식인 '도전ㄲ錢'의 사용은 절대로 안 된다는 금지령을 내렸는가 하면, 대전大錢, 소전小錢 등과 같이 너무 세분화된 화폐 제도는 혼란을 증가시킬 뿐인데도 계속 시행해 나갔다.

농경지의 매매를 둘러싼 법령은 대지주의 권리를 제한하는 데 주된 목적이 있었기 때문에, 정해진 면적 이상의 토지 소유는 위법이라고 정하고, 대토지 소유를 제한했다. 그리고 법이 정한 면적 이상의 토지를 소유한 자는 팔도록 했다. 또한 비슷한 제한으로 노비의 소유 등도 수가 한정되고, 그 이상의 소유는 허용을 금하고 관에 의해서 몰수하는 등 토지를 상실한 빈민층을 구제하는 방향으로 개혁을 해 나갔다. 그리고 재산이 없는 자를 위한 배려 정책도 있었다.

상인의 토지 소유는 인정하지 않았으며 그 밖에 중요한 상공업 정책으로 가격 통제와 물가 조정을 시행했다. 또한 생산 자금의 대출 등 대담한 시책을 실시했다. 그리고 철, 소금, 술, 농수

산물, 화폐 경제, 구리, 물가 조정, 금융에 대해서도 국가가 총력을 기울이고 있었다.

이 일련의 조치는 분명히 대개혁이었다. 그러나 너무나도 급진적인 변혁이었기 때문에 이해하고 받아들이는 사람이 확실히 적었다.

"여기에서 농민과 상인은 업을 잃고, 식화食貨(식량과 재화, 즉 경제)는 함께 쇠퇴하고, 백성은 길거리에서 소리를 내어 울기에 이른다. 후에 또다시 화폐는 화포와 화천(모두 왕망 시대의 경화)으로 바꾸는데, 한 번 화폐를 바꿀 때마다 백성은 또다시 주전법을 위반하게 된다."

법령의 계속되는 변화에 민중의 일상 생활이 따라가지를 못했다. 백성들은 법에 걸려서 체포당하고, 줄줄이 장안으로 호송되었는데 그 수가 10만 명이나 되었으며, 그중에서 6, 7할 가량이 사형에 처해졌다고 기록에 남아 있다.

"법은 쉴 새 없이 개정되고, 법령이 너무나도 자주 바뀌어 사방에서 불평불만이 끊이지 않아서 백성들은 오히려 한나라의 옛날을 그리워했다."

사방에서 시끄럽게 떠들어대면서 한나라의 옛날을 그리워하게 되었다는 것은 이미 사회에 대혼란이 예기되고 있음을 시사하는 일이었다.

"왕망을 타도하라!"는 것은 하늘의 목소리임이 분명했던 것이다. 어느 쪽이 옳은가, 왕망의 정치가로서의 자질은 어땠는가를 논해 보는 것은 이제 소용이 없는 일이었다. 왕망과 그 가신들은 이미 사태를 분석할 능력을 상실하여 판단력을 잃고 육감에만 의존해서 대도박에 나섰던 것이다.

신神의 기운을 받아서 나라를 다스리겠다는 오래 전부터의 폐단이 여기에 이르러서 폭발했던 것이다.

개혁은 '위험한 도박'을 담보로 하지 않아야 성공한다

지황 원년(서기 20년), 농민과 상인 등 백성의 원망의 목소리를 구호의 기치로 삼고, '도적' 또는 '토비土匪'라고도 불렸던 녹림군綠林軍은 그 사기士氣 만큼은 왕망의 백만 병사들에게 결코 뒤지지 않았다.

지황 4년(서기 23년), 왕곽과 왕봉(그들도 역시 한왕조의 외가쪽 친척이지만, 왕망의 백부인 양평후 왕봉이나 태사인 왕곽과는 다른 사람이다)이 이끄는 농민 의용군은 왕망의 형주 병사들을 10만 명이나 연달아 쳐부수고, 그 기세를 타서 왕망군의 엄우와 진무가 이끄는 별동대도 무찔러 버렸다. 이른바 녹림군의 대활약이었는데 7, 8천 명으로 봉기해서 1년 만에 당장 5만여 명으로 급성장했던 것이다.

그러나 지황 3년에 역병으로 인해서 병력이 반감하는 등의 사태에 부닥치기도 했다. 그래서 녹림군은 병사들을 하강과 신시로 나누어 배치했는데, 다시 신시에 호응하여 일어난 평림의 병사들이 남양 유씨의 호족 반란군과 합류하게 되는 복잡한 양상을 보였다. 농민과 호족의 연합군은 반反 왕망이라는 목표가 잘 부합됐기 때문에 합할 수 있었던 것이다. 그리고 왕곽이 이끄는 녹림군의 주력 부대는 완성을 공격하고, 왕봉의 별동대는 곤양, 정릉, 언성을 함락시켜서 왕망 정권을 뿌리부터 뒤흔들었다.

이 부근 일대는 왕망이 처음으로 신야후新野候로서 영지를 갖게 되고, 국호를 '신新'이라고 칭하게 된 곳으로 그와 인연이 깊은 땅이었다. 왕망은 흥분해서 위험한 도박에 나섰다.

3월, 대사도大司徒인 왕심과 대사공大司空인 왕읍에게 백만이라고 말했지만 실제로는 42만의 대군을 내주어 완성으로 향하게 했다. 군기들이 바람에 펄럭이고, 무기와 식량과 거마의 행렬이 황토를 휘저으며, 병사들이 줄줄이 늘어서 전진하는 그야말로 위풍당당한 진군이었다. 왕망이 각지로부터 긁어 모은 군사軍師와 병법가가 무려 수백 명에 이르렀다고 한다.

그중에서도 눈에 띄었던 것은, 성벽을 지키는 교위인 거무패巨無覇인데 키가 1장(약 2미터 30센티)이고, 허리둘레가 열 아름으로, 맹수를 부리는 특기를 갖고 있었다고 한다. 그래서 황궁 동물원의 문을 열고 호랑이, 표범, 코뿔소, 코끼리 같은 맹수를 풀어 주고 거무패에게 지휘를 시켜서 기세를 올린 일도 있었다고 한다. 따라서 장군들의 기세가 올라간 것은 두말할 필요도 없을 것이다.

이때 곤양을 지키는 한나라 군대(녹림군과 호족의 연합 세력)는 불과 8, 9천 명이었다. 비교도 할 수 없는 대군이 공격해 온다는 말을 듣고 어떻게 방어를 하면 좋은가, 대격론이 벌어졌다.

뒷날 후한의 광무제光武帝가 된, 편장군(부장군)인 유수劉秀가 곤양을 지키고 있었는데, 한나라 장군들의 의견은 분분했다.

"일단 곤양을 버리고 대오를 풀어 옛 근거지로 돌아가서 병력을 온존히 보존해야 한다."

"아니다. 어디까지나 곤양을 사수하고 원군을 기다려야 한다."

주전파인 유수는 군사 정세를 냉정히 분석했다.

"우리 군대는 병력도 적고 식량도 모자란다. 적의 병력은 분명히 강대하다. 그러나 만일 지금 힘을 결집하여 적에 대항한다면, 승리는 불가능하지 않다. 만일 병력을 분산한다면, 싸움의 흐름으로 보아서 우리들은 각개격파(적을 하나하나 나누어 무찌름)되어 버리니까 누구 한 사람도 몸의 안전을 도모할 수가 없다. 게다가 지금 우리 군대의 주력은 완성을 함락시킬 수가 없기 때문에, 도저히 이 곤양까지 구원하러 달려 올 수가 없다.

만약 곤양이 신나라 군대한테 공격당해 격파당한다면 완성도 손에 넣을 수기 없고, 손에 넣어 보았자 계속 지켜 내기 어려울 것이다. 별동대와 함께 하루 안에 각 부대는 전멸할 것이 틀림없다."

결론이 나지 않아서 전략을 결정하지 못하고 있는데, 신나라 군대의 선두 부대가 곤양에 육박해 왔다. 그리고 그 후속 부대 역시 쉴 새 없이 공격을 가해 와서 숨 쉴 틈도 없는 상태에서 전국戰局은 단숨에 긴박해졌다. 척후병의 보고를 듣고, 유수는 다시금 목소리를 높였다.

"이것은 농민 봉기군의 존망이 걸려 있는 일전이다. 곤양을 단호히 사수하자."

유수는 오위 장군 이일李軼 등 13기를 결사대로 조직해 적의 포위망을 뚫기로 했다. 어둠을 틈타서 탈출하여, 동쪽에 있는 언성과 정릉에서 병사들을 재정비해서 왕망의 신나라 군대를 협공하는 작전이었다. 왕봉과 왕상은 성 안에서 수비를 굳혔다.

'힘' 이상의 것을 발휘하는 '정보'를 흘려라

공격하는 왕망의 진영에서도 의견이 갈라져서, 장군들 사이에는 상호 불신의 기색이 감돌고 있었다. 곤양을 공격하다 지친 대장 엄우嚴尤는, 우선 반란의 명목 상 지도자 갱시제(유현)가 있는

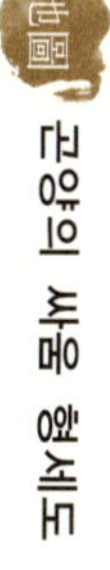

地圖 곤양의 싸움 형세도

녹림 및 적미의 활동 노선
무공
장안
(상안)
홍농
무관
낙양
하내
동군
진류
노국
태산
임치
제군
거
랑아
해곡
동해
팽성
패군
예천
곤양
언
남양
완
정
릉
여남
육양
신야
호양
춘릉
평림
녹림산
안륙
신시
운두
강릉
운몽택
황해
양관
양성
치 수
곤양
정릉
언
복우산
남양
완
녹림군 진군 노선
왕망군 진군 노선

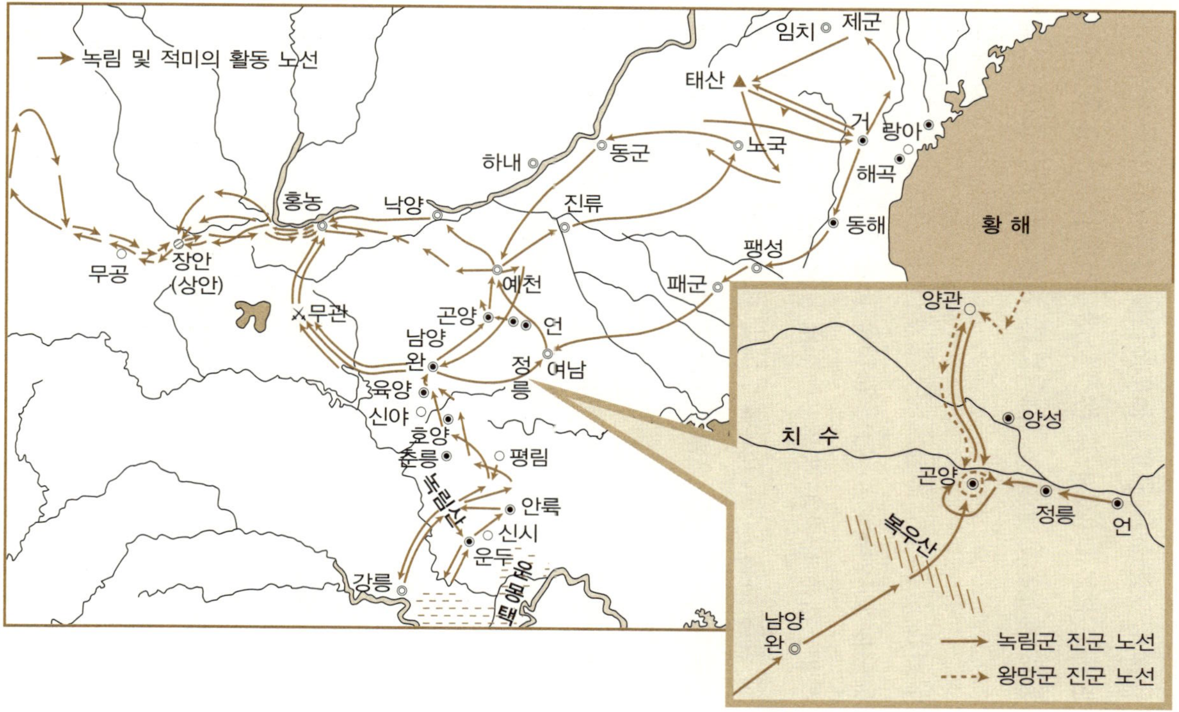

완성을 함락시기지자고 주장했다.

"곤양은 작지만 견고하다. 그보다는 황제를 참칭僭稱(분수에 넘치게 스스로를 임금이라 부름)하고 있는 유현이 완성에 있다. 신속히 대군을 진군시키면 도망칠 것이 분명하다. 완성이 함락당하면, 곤양은 스스로 항복할 것이다."

그러나 왕읍王邑 장군은 인해전술을 펴 우격다짐으로라도 공격하자고 주장하고 나섰다.

"백만의 대군을 이끌고 있는 이상 앞을 가로막고 있는 성을 함락시키지 않고서는 역량을 보여 줄 수가 없습니다. 우선 성을 함락하고 반란군들을 몰살시켜 그 피를 밟고 전진해야 합니다. 앞에서 노래하고, 뒤에서 춤추는 것은 더 할 수 없이 기분 좋은 일입니다."

그러나 결과적으로 신나라 군대의 맹렬한 공격을 받아 피를 흘리는 것은 물을 길러 나오는 주민들뿐이었다. 성 안의 왕봉 등은 항복을 원했으나 허락되지 않았다. 엄우 장군이 병법 "성을 포위하려면 도망칠 길을 열어 놓아야 한다"를 인용하며 적에게 도망칠 길을 열어 주는 것이 좋겠다고 설득했으나 왕읍 장군은 그것을 무시했다.

공방은 20일이나 계속되고 있었는데, 마침내 한나라의 연합군 측에서 원병이 달려 왔다. 유수 등의 결사대가 언성과 정릉에서 조달한 농민과 병사들의 집단이었다. 일단 선제 공격을 가하여 성과를 올렸다.

언성과 정릉의 진영에서 곤양으로 향할 원군을 모집하자, 이미 재물을 잔뜩 지니고 있는 장수들 중에서 주저하는 목소리가 들렸다. 그러자 유수는 "지금 갖고 있는 재물과 다음 싸움에서 큰 공을 세워 공로로 받을 보물 중에서, 어느 쪽을 택하겠느냐?"고 소리치며 난국을 헤쳐 나갔다.

유수는 1천의 병력을 이끌고 선봉이 되어서 달리기 시작했다.

목을 수십 수나 베었는데 평소 약한 적도 두려워하던 유수 장군의 용맹한 태도가 주위의 병사들을 백분 분발시켰다.

유수는 오늘날에도 그 능력을 인정받고 있는 냉철한 장군이었다. 외부에서 병력을 조달하면서 정보전에서의 우위까지 계산하고 있었다.

'적은 병력에게, 힘 이상의 것을 발휘하게 하는 '정보'를 신속히 흘려야 한다. 그 정보로 지금 가장 유효한 것은 무엇인가?'

궁리 끝에 내린 그의 결론은, 곤양성을 지키는 자기편 병사들에게 커다란 희망을 안겨주는 것이었다. 그것은 바로, "완성에서 승리를 했다!"는 거짓 낭보였다. 적과 아군을 막론하고, 현재의 최대 관심사는 그것이었으므로 이 정보를 흘리면, 한나라 군대의 사기는 올라가고, 신나라 군대의 기세가 한풀 꺾일 것이 분명했다.

우선, 승리를 전하는 화살을 쏘아 넣게 했다. 뒤이어 같은 내용의 극비 군사 통신문을 성 밖에 떨어뜨리게 했다. 그 다음 일에 대해서는 자세히 설명할 필요도 없을 것이다.

갱시 원년, 유수가 이끄는 한나라 군대, 즉 녹림군을 주력으로 하고, 남양 유씨의 군대가 합체한 이른바 '반란군'은 곤양성 밖에 있는 신나라 군대의 본영을 맹공하여 왕망의 대군을 대파시켰다. 그 뒤부터는 일사천리로 진행되어, 왕망의 목은 한왕에게 헌상되고 싸움은 막을 내렸다.

이 싸움에서 신나라 군대가 버리고 간 병기, 거마, 의장, 갑옷과 투구, 진귀한 보물류의 전리품을 1개월 동안이나 운반했다고 한다. 그런데도 계속 남아 있어서 필요없는 물건들은 불태워 버렸다고 하니, 얼마나 처참한 대회전이었는가를 짐작할 수 있다.

곤양의 싸움에는 그 근저에 농민 봉기가 있었다는 것을 우선 인정하자. 구시대의 남양 유씨와 결탁함으로써 간신히 이겼다고 하지만 역사의 톱니바퀴를 조금은 전진시켰음에는 틀림이 없다.

민중이 역사에 가담할 때 어떻게 동원되느냐로, 혹은 어느 나라에 가담했느냐로 그들의 운명은 크게 달라져 버린다. 15년밖에 안 되는 시기에 원시, 거섭, 시건국, 천봉, 지황, 갱시 등의 연호를 어지럽게 가려 쓰지 않으면 안 될 정도로 왕망 정권은 변칙적이었다.

분명 개혁이고 변혁이었지만 천변지이에 떨고 있는 민중을 참위설에 의존하여 지도하려 했던 점은 분명 리더로서의 자질을 의심받을 만한 일이었던 것이다.

먼저 시간을 제압하고 정확하게 행동하라

정확 · 기민한 움직임으로 승리한

관도의 싸움(원나라 vs 조나라 ; 서기 200년)

속도야말로 최대의 무기다. 조금은 서툴러도 좋으니까 어쨌든 빨라야 한다. 힘의 차이가 너무 많이 나서 열세에 선 조조는 "시간"을 철저하게 연구하고 궁리해서 어느 면에서나 압도적 우위에 있던 원소의 진영을 정복했다. 이는 작은 것이 큰 것을 집어삼킨 형국으로, 운명의 갈림길을 재빨리 포착하고 전략과 결단으로 강적을 격파한 CEO의 차이가 승패를 가른 싸움이었다.

지도자의 자신감은 부하의 용기를 낳는다

후한 말 천하 대란이 일어나 세상은 흉흉해져 갔고 왕권은 급속도로 추락했다. 이러한 세상을 배경으로 삼국지의 영웅들이 등장하기 시작했는데 사회가 불안한 만큼 사람들은 믿고 의지할 인물을 찾게 되었다.

사회 여기저기서 민중들이 봉기를 일으키고 신들린 사람들이 미래에 대한 예언을 일삼고 있었다. 갈수록 쌓여 가는 불평불만을 덜고 난세를 피해 평온하게 살아가고 싶은 민중들이 의지할 수 있는 것이라고는 종교(도교)밖에 없었다. 그래서 머리에 황색띠를 두르고, 지도자가 시키는 대로 무장 봉기를 해 보았으나 잘 되지를 않았다. 이것이 바로 '황건적黃巾賊'의 대반란이었다.

비록 실패하기는 했지만, 한왕조에 의한 지배 체제는 점점 무너져 갔고, 군벌끼리의 세력 다툼이 극에 달하는 혼전의 국면이 출현했다. 여기서 원소袁紹의 이름이 등장하게 된다. 사도司徒 원봉袁逢의 아들로 이 무렵 북방에서 최대의 파벌이었다. 사도는 후한에서 나라를 맡은 3공 중 한 사람이며 원가는 4대에 걸쳐서 3공을 배출해 온 명문이었다.

광활한 토지를 소유하고 있었으며 인구가 많고 양식도 풍부해서 강대한 병력을 거느리고 있었다. 야심 또한 만만치 않아서 난세에 임해서 천하를 제패하려는 마음을 먹고 있었다.

한편, 조조曹操의 힘은 원소에 비해서 훨씬 작았다. 조조의 힘이 강해지기 시작한 것은 중원中原 방면의 군벌 세력을 소멸시키고 나서부터였다. 그 역시 영웅이 되려는 야심으로 가득 차 있어, 북방까지 손을 뻗어 자신의 힘으로 천하를 통일하려고 생각하고 있었다.

군벌 할거도(198쪽 참조)를 보면 알 수 있듯이, 서로 접해 있는 곳에 위치한 원소와 조조의 이해관계는 확실히 충돌 양상을 보이고 있다.

서로 간에 힘의 세기는 뚜렷한 차이를 보이고 있었음에도 불구하고 결국 자웅을 겨루지 않으면 안 되는 라이벌전의 상황에 처하게 되었다. 천하의 패권을 다투는 숙명적인 성격을 갖고 있는 싸움이 바로 관도官渡(하남 북방의 요충지)에서의 대전으로 이러한 형세 아래서 발생한 것이었다.

한나라 헌제 獻帝 건안 4년(서기 199년), 원소는 거대 문벌로서의 실력을 발휘하여 10만의 대군과 1만 두를 헤아리는 전마를 모아서, 조조의 본영인 허도 許都를 공격해 단숨에 제거해 버리려고 생각했다. 조조의 거성인 허창 許昌을 '허도'라고 부르게 된 것은, 건안 원년에 조조가 헌제를 이 땅에 맞아들여서 후한 왕조의 임시 수도로 삼았기 때문이다(한왕조는 왕망이 다스리던 신왕조 15년간을 전후로 전한과 후한으로 나누며 도읍이 서쪽의 장안에 있었던 때와 동쪽의 낙양에 있었던 때를 기준으로 서한과 동한으로 나누는데 중국 사람들은 서한과 동한으로 나누는 개념에 더 익숙하다).

황하를 둘러싸고 격렬하게 대치한 조조와 원소. 중원의 패권을 놓고 원소는 드디어 조조를 칠 계획을 세웠다. 원소 측의 의도와 준비의 조짐이 허도로 전해지자, 조조 측의 장군들은 무서워서 떨었다. 조조는 장군들과 참모들을 소집하여 정세 분석에 골몰해 의견을 나누었다.

"오리찜을 하려고 하는데 오리가 파를 짊어지고 온다고 생각하면, 싸움을 하는 데도 보람이 있지 않겠느냐."

조조는 일단 허풍을 떨어 보였다.

"원소라고 하는 녀석은 야심만 엄청나게 크고 지모는 뒤떨어진다. 겉으로 얼핏 보기에는 맹렬한 것처럼 보이지만, 간덩이가 형편 없이 작고, 시기심만 강한데다가 인정머리가 없고, 권위와 신망이 결여되어 있다. 병력은 많지만, 지휘가 엉망인데다가 장군들은 시도 때도 없이 으스대기만 하고 호령도 제각각이다. 녀석이 소유하고 있는 땅은 광대하고, 양식이 풍부하기는 하지만, 그것도 다 우리에게 토산물로 바치러 오는 것이나 마찬가지다."

꽤나 상대방을 얕잡아 보고 하는 말이었지만, 이것은 그대로 적중했다. 조조 진영에는 정확하고 냉정하게 수읽기를 하는 곽가郭嘉와 순욱荀彧이 있었는데 조조와 똑같은 견해였다. 일찍이 곽가 역시 원소에 대해 비슷한 분석을 한 적이 있었던 것이다.

장군들은 조조의 말을 듣자, 웬지 마음이 편안해지고 용기와 자신감이 솟구쳐 올랐다.

지도자의 자신감은 순식간에 아랫사람들에게 전파된다. 이때 이미 조조는 막스 웨버가 말한 카리스마적인 지배 유형, 요컨대 카리스마적 지도력을 장군들에게 피력한 셈이다. 이것은 인간의 무리를 지배하는 비범한 초능력이며, 그렇게 간단히 학습할 수 있는 것이 아니다.

카리스마와 판단력 그리고 행동력이 필요하다

조조는 우선 장군들의 의욕을 불러일으키고 그 다음으로 철저한 정세 분석에 돌입했다. 군사적으로 면밀히 부서를 정해, 우

地圖

후한 말기의 군벌 할거도

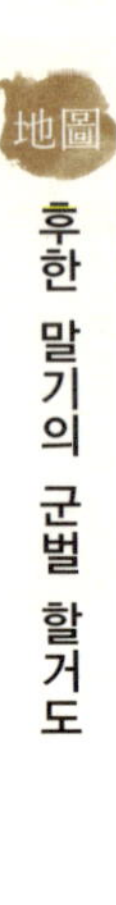

유주
발해
흉
노
원
소
정주
청주
원
익주
사견
연주
황해
관도
서주
하비
허
예주
조
조
장
양안군
로
형주
원
술
유
익주
표
유
오군
회계
무릉
장
손
책

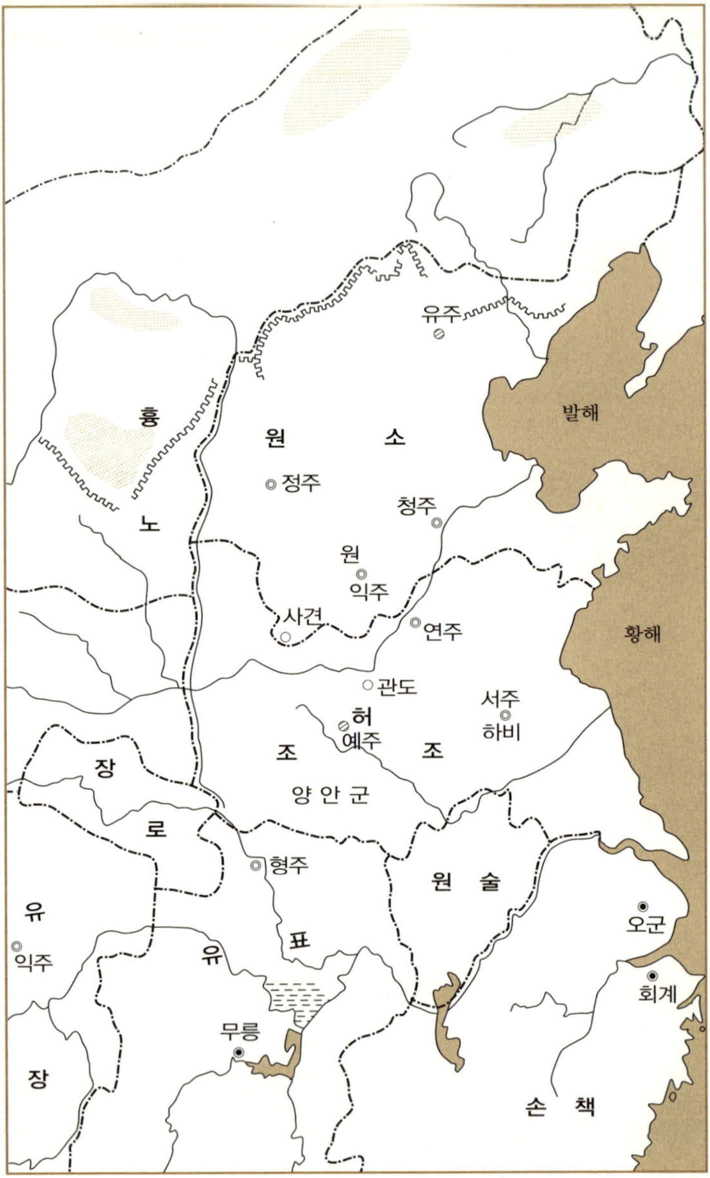

선 주변의 할거 세력을 각개격파하기로 했다. 그리고 군소 세력들이 원소 측과 결탁해서 공동 전선을 형성하여, 앞뒤에서 쳐들어와 양면 작전의 불리한 상황에 몰리는 것을 방지하기로 했다.

건안 4년 2월, 조조는 우선 거병擧兵 이래의 전우라고 할 수 있는 사촌 동생 조인曹仁 등을 파견하여, 하북河北(황하강 북안)의 전략상의 요충지인 사견射犬(지금의 하남성 심양의 동북쪽)을 공격하게 했다. 그리고 원소의 군대가 황하 연변으로 서진해 오는 도로를 봉쇄하고 차단시켜 버렸다. 다시 8월에는 전에 여포 진영의 장군으로서 조조에게 항복해 온 용맹무쌍한 장군 장패에게 병사들을 이끌고 청주로 침입하게 해서 원소가 동쪽에서 공세를 가하지 못하도록 했다.

조조가 원소에 대한 작전 배치를 이렇게 착착 진행시키고 있을 바로 그 무렵, 본시 조조를 의지해 왔던 유비劉備가 하비下邳(지금의 강소성 비의 동쪽)를 점령하고, 원소와 멀리서 호응하여 조조에게 반기를 들고 있었다. 조조는 스스로 병사들을 이끌고 동진하여 재빨리 하비를 공격하고, 유비군의 대장 관우關羽를 포로로 붙잡았다.

이러한 일련의 작전 전개를 보더라도 조조는 단순히 카리스마적 자질뿐만 아니라, 뛰어난 판단력과 행동력을 함께 갖춘 인물이라는 것을 알 수가 있다. 조조의 이러한 면모는 현대의 어설픈 전문가들이 자신이 전공하는 것 이외에는 관심도 두지 않는 것과 다른 점으로 꼭 배워 두어야 할 부분이다.

조조는 이러한 주변의 적대 세력, 즉 장래에 화근으로 남을 만한 모든 세력을 쳐부수고 나서 직접 2만의 군대를 이끌고 관도官渡(지금의 하남성 중모의 동북쪽)에 주둔하고, 원소를 맞아 싸울 준비에 들어갔는데, 이러한 일련의 상황을 명문의 도련님 출신인 원소로서는 전혀 짐작조차 할 수가 없었다.

우유부단하면 이길 싸움도 진다

조조가 병사들을 내보내서 유비를 공격하고 있을 때, 대본영이 있는 허도는 완전히 무방비 상태로 텅텅 비어 있었다. 그 소식이 하북에 전해지자, 원소의 참모인 전풍田豊은 바로 지금이야말로 조조의 대본영을 공격할 절호의 기회라고 진언했다.

"즉시 행동을 일으키고 병사들을 출발시켜 허도를 급습하여 점거해야 합니다."

조조 진영에서 자신들이 처한 상황을 몰랐던 것은 아니다. 조조의 군사 사태를 파악하고 원소가 습격해 오는 것을 방지해야 한다고 주의를 촉구하고 있었다. 그러나 조조는, 원소는 우유부단한 인물이어서 우물쭈물하다가 허를 찔러 습격을 가하는 일은 거의 없을 것이라고 생각했다.

"원소님과 천하를 다투게 될 조조를 완전히 매장시킬 수 있는 천재일우千載一遇(천 년에 한 번 만난다는 뜻으로 좀처럼 얻기 어려운 좋은 기회를 이르는 말)의 기회입니다."

강직하고 직언하기를 좋아하는 전풍은 강력하게 건의했다. 원래 전풍과 코드가 잘 맞지 않는 원소는 아니나 다를까 조조가 예상한 대로, 전풍의 건의를 받아들이지 않았다. 이유는 막내아들 원상袁尙이 병에 걸렸기 때문인데, 전풍은 분개한 나머지 지팡이를 땅바닥에 내리치면서 말했다.

"아아, 아깝도다. 두 번 다시 찾아오지 않을 기회를 자식의 병 따위를 핑계삼아서 그냥 넘겨 버리다니!"

그 이후로 이 두 사람은 사이가 소원해졌다고, 정사인 〈후한서〉의 원소전은 "이것으로 마침내 끝장이 났다"고 분명히 기록하고 있다.

건안 5년(서기 200년) 정월, 싸움에 패한 유비는 원소를 의지하여 업성鄴城(지금의 하북성 임장)으로 찾아갔다. 그때가 되어서야 원소는 겨우 장군들을 모아 놓고 어떻게 허도를 공격하면 좋은가를 토론하고 있었다. 하지만 원소는 절호의 기회를 놓침으로써 이미 중원 제패의 꿈, 아니 천하를 잃고 만 것이다.

'기다림'의 정치는 왕왕 모든 일에 혼란을 가져다준다. 사태는 이미 어찌해 볼 수 없는 국면으로 치달았기 때문에, 이제 와서 허도를 공격해 보았자 불리함만이 겹쳐질 뿐이라고 판단한 전풍은 공격을 중지하도록 원소에게 권했다.

"조조는 이미 유비를 무찔렀기 때문에 허도는 이제 텅 빈 무방비 상태가 아닙니다. 하물며 조조는 용병에 능하고 기지가 풍부하고, 그 변신은 예측을 불허하기 때문에 조조의 병력이 적다고 해서 얕잡아 볼 수가 없습니다. 이제부터는 지구전으로 나가는 것이 좋다고 생각합니다. 장군님(원소를 가리킨다)은 험악한 산하에 있는 광대한 지역을 소유하고, 또 4개 주(유주, 청주, 병주, 기주)에 달하는 많은 인구를 갖고 있으니까, 그 유리한 형세를 이용하셔서 밖으로는 영웅호걸과 관계를 맺고, 안으로는 농사에 힘쓰고 군사력을 키워 나가야 합니다. 그런 연후에 정예 병사들을 뽑아 기병을 만들고, 허를 틈타서 종종 출병하여 하남을 시끄럽게 만들고, 오른쪽을 구하려고 하면 왼쪽을 때리고, 왼쪽을 구하려고 하면 오른쪽을 때리는 양동작전을 전개해서, 조조의 군대를 뒤흔들어 놓아 지치게 만들고, 그 근처의 백성들이 제대로 일을 할 수 없도록 만드는 것입니다. 이쪽은 힘이 안 들고 적들만 기진맥진할 테니까 3년도 걸리지 않을 것입니다. 잠자코 있어도 이길 것입니다. 가만히 있어도 적을 이기는 묘승책廟勝策을 버리고 단숨에 승부를 겨루려고 하다가 만에 하나라도 실패했을 때, 아무리 후회해도 소용이 없을 것입니다(원소전에서)."

전풍이 올린 이 방책은 〈손자병법〉에 의거하는 바가 많다. 정예 기병이라고 한 대목은, "대저 싸움은 정正을 가지고 맞서고기奇를 가지고 이긴다(손자, 세편)"를 인용한 것으로, 불패의 땅에서는 정석대로의 정공법正攻法과 변화된 대응으로 공격하는 기습奇襲책을 써야 한다는 것이다. 또한 앉아 있으면서 이기는 '묘승책廟勝策' 혹은 '묘책廟策'이란, 옛날부터 싸움에 임할 때에는 종묘에서 필승의 작전 계획을 세워 출진하는 장군에게는 승산을 일러 줘 내보냈다는 것에서 유래한다. 요컨대 싸우기 전에 어전 회의에서 반드시 이기는 계획을 세우는 것으로, 이것은 손자가 말하는 "싸우지 않고 남의 병사를 굴복시키는 것은 선善 중의 선(손자, 모공편)"인 것이다.

전풍의 분석은 이치에 들어맞는 것이었으나 야심만 있을 뿐 모략이 없는 원소는, 무엇 하나 귀담아 들으려고 하지 않았다. 뿐만 아니라 전풍에 대해서 반감까지 품었다.

원소는 현실 인식이 완전히 결여되어 있었다. 전풍은 여러 번에 걸쳐서 원소를 설득하려다가, 끝내 원소를 화나게 만들고 말았다. 결국 전풍은 '군심軍心교란죄'를 뒤집어쓰고 구금되어 버렸다. 그 후, 관도의 일전에서 예언대로 대패를 당하고 귀환한 원소는 전풍에게 조소를 당하는 것이 두렵다고 하여 그를 깨끗이 죽여 버리고 말았다.

전풍이 구금되었다는 보고를 듣고 조조는 승리를 확신했음에 틀림 없다. 돌이켜 볼 때, 전풍이 조금만 우회적인 방법을 써 원소를 설득했다면 충분히 마음을 돌려 놓지 않았을까 하는 생각을 헤본다.

동쪽을 치는 척하고 서쪽을 쳐라

건안 5년 2월, 원소는 10만의 대군을 황하 북안의 려양黎陽(지금의 하남성 준현의 동북쪽)에 집결시켰다. 황하를 건너서 남진하여 허도를 직접 공격할 준비에 착수했으며 대장인 안량顔良을 파견해서 백마白馬(지금의 하남성 활현의 동북쪽)를 공격하게 했다. 4월이 되자, 조조는 관도에서 병사들을 이끌고 북상하여 원소의 군대에 포위되어 있는 백마를 구했다. 그때 조조는 종군 참모 순유荀攸(군사 순욱의 조카)의 "동쪽을 치는 척하고 서쪽을 친다"는 작전 계획을 채용했다. 우선 병사들을 이끌고 연진延津(지금의 하남성 연진의 북쪽)까지 가서, 그곳에서 황하를 건너서 원소의 후방을 치는 체하여 원소에게 군대를 두 개로 쪼개서 응전케 했다. 그 다음에, 경기병輕騎兵의 부대를 퇴각하게 만들어 무방비 상태에 있는 백마를 공격하게 한 것이다.

원소는 그 계획을 읽지 못했기 때문에, 예상대로 군대를 일부 쪼개서 연진으로 급행하게 하여 맞서 싸우게 했다. 조조는 즉각 경기병을 이끌고 장료와 관우를 선봉으로 삼아서 백마를 향해 돌진해 들어갔다. 조조의 군대가 백마에서 10여 리 가량 떨어진

곳에 다다랐을 때에야 안량은 겨우 작전을 깨닫고, 황급히 말에 올라 타 응전하려고 했다.

관우는 의표를 찔러 원소 군대의 진중으로 돌입하여 응전할 틈도 주지 않고 안량을 단칼에 베어 버렸다. 그러자 장군을 잃은 원소 군대는 순식간에 대혼란에 빠져 죽임을 당하는 자, 포로가 되는자, 도망치는 자가 뒤섞여 한순간에 궤멸해 버렸다. 전투가 끝나자, 조조는 백마성의 주민 전원에게 명을 내려, 황하를 따라서 군대를 뒤쫓도록 해 관도까지 철수시켰다.

원소는 조조가 백마에서 철수했다는 말을 듣자, 스스로 대군을 이끌고 황하를 건너 추격하여 조조 군대를 단숨에 무찌르려고 했다. 그러나 참모인 저수沮授가 강하게 만류하고 나섰다. 저수라고 하는 군사軍師는 본시 스케일이 매우 큰 군사 전문가로, 3국 가운데 어느 한 나라를 맡겨도 그 소임을 다 할 수 있는 인재였지만, 자신의 때를 만나지 못한 사람이었다.

"승부의 변화라는 것은 깊이 생각해 보지 않으면 안 됩니다. 지금 무엇보다도 먼저 해야 할 일은 군대를 연진에 그대로 머물게 하고, 일부 병력을 쪼개서 관도를 공격하는 일입니다. 그 다음에 연진에 주둔해 있던 대군을 모조리 전진시켜도 늦지 않습니다. 대군을 무턱대고 남진시킨다면 만에 하나라도 불리해졌을 경우, 전군이 전멸할 위험이 있습니다."

그러나 원소는 저수의 적절한 의견을 들으려고도 하지 않고

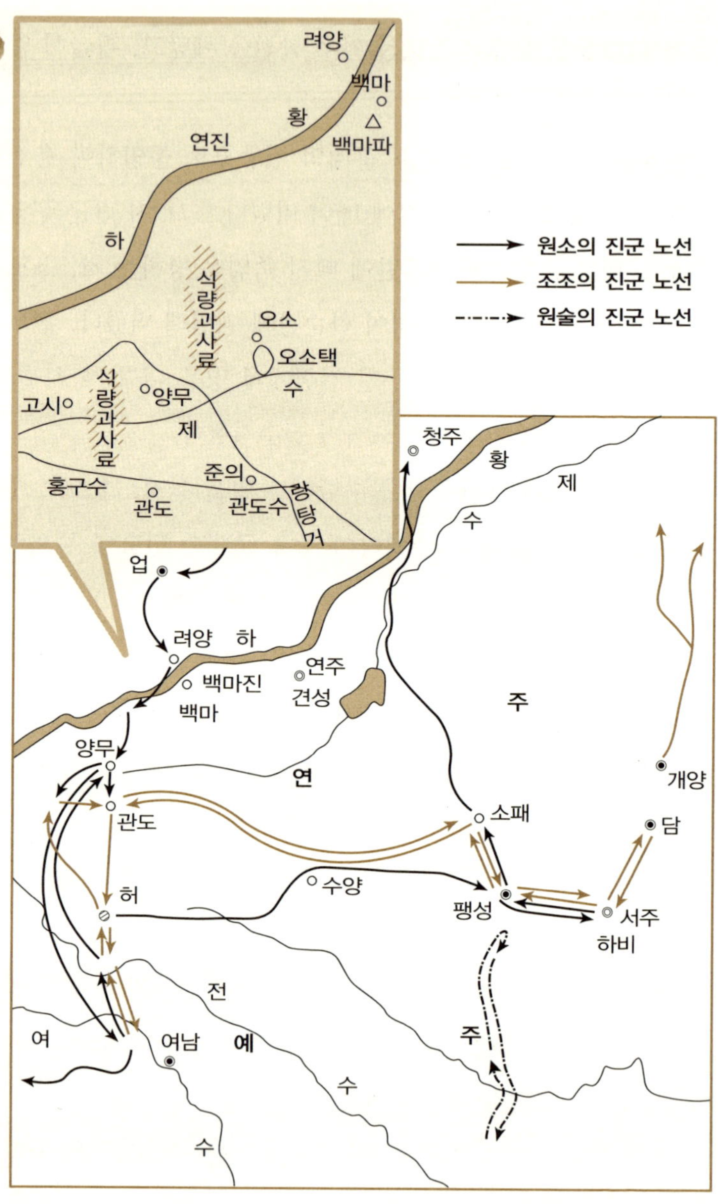
地圖
관도의 싸움 형세도
려양
백마
황
연진
백마파
하
식량과사료
오소
오소택
수
양무
제
고시
식량과사료
준의
홍구수
관도
관도수
랑탕거
원소의 진군 노선
조조의 진군 노선
원술의 진군 노선
청주
황
수
제
업
려양
하
백마진
백마
연주
견성
주
양무
관도
소패
개양
담
허
수양
팽성
서주
하비
전
예
여
여남
주
수
수

주력 부대에게 도하 공격을 명했다. 저수는 원소가 반드시 실패할 것이라고 예측하고 대군이 황하를 건널 때, 자기도 모르게 장탄식을 했다.

"위 '上'가 뜻이 높으면 아래는 공을 세우려고 노력도 하련만, 유유히 흐르는 황하여, 나에게 다시 한 번 너를 건널 날이 있겠느냐."

드디어 병을 이유로 사의를 청했으나, 원소는 허락을 하지 않고, 거꾸로 원한을 품고 저수의 부대를 곽도의 지휘 하에 집어넣어 버렸다. 곽도는 관도의 싸움에서 수를 잘못 읽어서 대패하게 만든 막료였다.

대담하면서도 세심하게 행동하라

원소의 선두 부대는 신속하게 연진으로 육박해 들어가고 있었다. 조조는 장병들에게 명해서 연진 남쪽에 있는 산의 사면에 성채를 쌓게 하고, 척후병을 보내서 원소 군대의 동정을 탐색하게 했다. 척후병은 원소 군대를 발견하자 즉각 조조에게 보고했다.

"원소는 5, 6만의 기병을 앞세우고 지금 접근하는 중입니다."

얼마 후에 다시 보고가 들어왔다.

"원소군의 기병이 다시 늘어났습니다. 보병이 너무 많아서 헤아릴 수가 없습니다."

그러자 조조의 부하 장군들은 감당 못할 정도로 적군이 많으니 맞서 싸우지 말고 성채에 틀어박혀서 방어를 하자고 주장했다. 그러나 조조는 척후병들에게 더 이상 보고할 필요 없다고 명하고는 기병 전원에게 명령을 내려, 말에서 안장을 내리고 말을 풀어 주어 풀을 뜯어 먹게 했다. 그리고 군수품을 실은 수레들을 모두 원소의 군대가 통과하는 길 위에 멈춰 세워 놓게 했다. 장군들은 모두 의아해 했다. 다만 참모인 순유만이 조조가 의도하는 바를 알아차리고 모두에게 설명을 해 주었다.

"적을 유인하여 함정에 빠뜨리려고 하는 것이다. 어째서 후퇴 같은 것을 하겠느냐?"

이윽고 원소 군대의 용장 문추文醜 등이 5, 6천의 인마를 이끌고 서로 앞다투어 연진에 도착했다. 조조 군대의 장군들은 상황이 점점 절박해짐을 느끼고, "말에 타 응전하라"는 명령을 내려 달라고, 조조에게 계속해서 재촉했다. 그러나 조조는 침착한 태도로 일관했다.

"아직 그 시기가 아니다."

얼마 뒤, 원소 군대의 후속 부대가 대부분 도착했다. 그들은 조조 군대의 군용물자가 노상에 마구 버려져 있는 것을 보더니 앞을 다투어 약탈을 하기 시작했다. 일순간 도저히 수습할 길이 없는 대혼란이 일어났다. 바로 그때 조조는 모든 기병을 지휘하여 일제히 돌격시켜 원소 군대를 여지없이 무찌르고, 원소군의 용장 문추를 베고, 문추 이하의 인마를 몽땅 포획해 버렸다.

조조의 이 대담함, 세심함, 치밀함이야말로 현장에서 특히 요구되는 지휘관 본연의 모습일 것이다. 연진에서 승리를 거두자, 조조는 방어에 유리한 관도로 군대를 천천히 철수하게 하고, 적이 더 깊숙이 침입해 오도록 유도하면서 결전에 대비했다.

성공하는 지도자는 부하의 의견을 받아들인다

백마와 연진의 싸움이 끝난 뒤, 원소와 조조의 양군은 한동안 싸움을 중지한 채 서로 대치하는 단계에 들어갔다. 원소는 두 차례에 걸친 싸움에서 계속 패배를 당하기는 했지만, 여전히 우세한 전력을 보유하고 있었다. 병사들의 인원수로 보면 원소의 군대는 10만에 가깝고, 조조 쪽은 많이 잡아도 3, 4만에 지나지 않았다. 후방에서부터 전투를 지원하는 경제력을 비교해 보더라도 조조가 점유하고 있는 연주와 예주의 2개 주는 후한 말 이래 가장 심하게 파괴된 지역이어서, 원소가 점거하고 있는 하북 지구의 풍요함에는 비교 자체가 되지 못하는 것이었다.

조조는 허도로 들어간 그해부터 둔전屯田(주둔병의 군량을 자급하기 위해 마련한 밭) 비축을 하기 시작했으나, 기껏해야 5년밖에 지나지 않은 때라 병사들의 양식도 원소의 풍요한 상태에는 크게 미치지를 못했다. 그러나 조조는 스케일이 크고, 걸출한 재능을 지닌 정치가로, 민심을 수습하기 위해서 상당히 진보적인 정치적 제도를 도입하기 시작했다. 양안군에서 징수한 솜과 비단을 몽땅 민중에게 환원했으며, 부대가 행군할 때 말이 작물의 묘판을 밟는 것을 허용치 않겠다고 명령을 내리고, 그것을 어겼을 시에는 처형을 감행했다.

한번은 조조 자신의 말이 밀밭을 밟아 못쓰게 만든 일이 발생했는데, 그는 당장 부하에게 명해서 규정에 따라 그 말을 죽이도록 지시했다. 조조의 이러한 조치는 백성들의 지지를 적극적으로 이끌어 냈으며, 군사 면에서도 유리한 상황을 만들어 내는 효과를 가져왔다.

원소는 전쟁 초기에 상당히 뼈아픈 패배를 당했음에도 그 실패로부터 교훈을 얻으려고 하지 않고, 여전히 군대의 인원수와 장비와 물자의 우세를 믿고, 조조와 한판 결전을 하려고만 들었다.

휴식과 정비 기간이 지나고 그해 7월이 되자, 원소는 또다시 대군을 관도 북쪽에 있는 양무(지금의 하남성 원양의 동쪽)에 집결시키고, 공격 준비에 착수했다. 그때 군사軍師인 저수가 다시금 전쟁의 형세를 분석했다. 제갈공명에 필적할 만한 능력을 가진 군사 저수는, 무슨 일이 있어도 자신의 직위에 걸맞는 발언을 하고 싶었던 모양이다.

"우리 쪽의 군대는 인원수는 많지만, 용감하고 잘 싸우는 조조 군대와 비교할 수가 없습니다. 조조 군대의 약점은 군량이 부족하고, 물자의 비축이 우리 군대만큼 풍부하지 않다는 데 있습니다. 싸움을 빨리 끝낸다면 조조에게 승산이 있고, 장기전이 된다면 우리 쪽이 유리합니다. 그러니까 우리 군대는 장기전을 도모해 조조 군대의 힘을 소모시켜야만 합니다. 그렇게 하면 최후의 승리는 우리들의 것입니다."

원소는 또다시 저수의 이런 권고를 받아들이지 않고 끝까지 자신의 의지대로 밀어붙였다. 그는 주력 부대에게 명령을 내려서, 관도의 전선에 펼쳐진 모래 언덕을 이용하여 진지를 구축하게 했다. 진지의 길이는 동쪽에서 서쪽까지 수십 리에 이르렀다.

조조 군대도 각각 병영을 만들어서 원소 군대에 대항했다.

단기전인가, 장기전인가를 빨리 판단하라

9월에 들어서자, 조조는 원소 군대에게 공격을 가했으나 이기지 못했다. 그래서 방침을 바꿔서 해자垓字(땅을 파서 도랑처럼 만드는 것)를 깊이 파고 보루를 높게 쌓아 진지를 굳게 지키고, 유리한 기회를 엿보아서 원소 군대를 공격하기로 했다. 원소는 싸우고 싶어서 몸이 근질근질했다. 그런데 조조 군대가 나오려고 하지 않자, 병사들에게 명해서 조조 군대 진영의 바깥쪽을 둘러싸듯이 토산土山을 쌓게 하고, 그 위에 높은 망루를 세우게 했다. 높은 위치에서 화살을 쏘아대려는 것이었다. 호령을 내리자 원소 군대의 망루에서 수만 개의 화살을 일제히 쏘아댔다. 화살들은 마치 비처럼 조조 군대의 진영으로 쏟아져 내렸다. 조조 군대의 병사들은 겨우 방패로 몸을 막을 뿐 어찌해 볼 도리가 없어서 그야말로 공황 상태에 빠졌다.

원소 군대의 이러한 전법에 대항하기 위해서, 조조는 병기 제작소에 명해서 밤낮을 가리지 않고 발석차發石車를 만들게 하여 각처에 배치하고, 원소 군대의 토산 정면에 배치했다. 원소 군대의 사수가 화살을 쏘기 시작하면 조조 진영에서는 일제히 돌멩이 탄환을 발사시켰다. 쉴 새 없이 발사된 돌멩이 탄환은 공중을 날아가서 망루를 연타했다. 그로 인해 원소 군대의 망루는 파괴되었고, 사수들 중에서 적지 않은 사상자가 나왔다. 이 장치가 탄환을 발사할 때는 천둥 같은 소리를 냈기 때문에 사람들은 이 것을 벽력차霹靂車라고도 불렀다.

원소는 망루 작전이 성공하지 못하자 이번에는 비밀리에 지하도를 파게 하여, 곧장 조조 군대의 진영까지 뚫고 나가려고 했다. 그러나 조조는 병사들을 내보내서 진영 주위에 해자를 더 깊이 파서 이것에 대비했다. 원소 군대의 지하도는 이 해자까지는 도달했으나, 더 이상 전진하지 못한 채 엄청난 노동력만 낭비하고 수포로 끝났다. 이렇게 해서 3개월 남짓 양군은 관도에서 서로 마주보며 대치하게 되었다.

조조의 진영은 병력도 적고 군량도 부족한 상태여서, 이대로 대치를 계속해 나간다면 점점 더 불리해지는 것은 불을 보듯 뻔한 일이었다. 이런 상황에 직면하자 조조는 마음이 심란하여 허도로 퇴각할까 하는 생각을 해보았다.

그러나 정황을 대국적으로 판단하는 것에 뛰어난 재능을 가진 참모 순욱荀彧이 전쟁의 전도前途를 분석하고, "이 싸움이야말로 원소를 무찌를 절호의 기회니까, 모든 힘을 기울여서 최후의 승리를 쟁취하도록 하십시오"하고 진언했다.

조조는 그 의견을 받아들여 원소와 끝까지 싸울 결심을 굳혔다. 조조는 부대에게 계속해서 관도를 사수하도록 명령을 내림과 동시에, 적의 움직임을 주시해 유리한 시기를 택해서 최후의 결전을 감행하기로 했다.

적의 보급로를 끊어라

양군이 서로 노려보며 꼼짝 않고 대치하는 단계에서는 끊임없이 식량을 보급할 수 있느냐 없느냐가 직접적인 승패의 원인이 된다. 어느 날 조조 군대의 척후병은, 원소 군대가 관도를 향해

서 군사들이 먹을 많은 양의 식량을 운반하고 있다는 사실을 알
게 됐다. 또한, 이 수송을 지휘하는 장군 한맹은 용맹하지만 지
모에 약간 문제가 있고, 싸우면 적을 얕잡아 보고 방비를 소홀히
하는 인물이라는 것도 탐지하게 됐다. 순유는 이런 상황을 보고
받자, 병사들을 보내서 원소 군대의 군수품 수레를 습격하도록
조조에게 진언했다. 조조는 장군인 서황과 사환에게 병력을 이
끌고 가서 도중에 한맹을 습격하여 무찌르고 수송 중인 군수품
수레와 군용물자를 모두 불태워 버리게 했다.

10월이 되자, 원소는 다시 1만량 가량의 수레로 하북으로부터
식량을 운반해서 본영의 북쪽 40리에 있는 고시와 오소(모두 지금
의 하남성 연진에 있다)에 보관하게 했다. 그리고 대장 순우경淳于瓊
에게 1만의 병사들을 이끌고 가서 그 수비를 맡도록 했다.

저수는 지난번의 군수품 수송 시 조조 군대의 화공火攻에 혼쭐
이 난 것을 생각해 다른 장군에게 순우경 장군의 방위대의 바깥
쪽을 지키게 하여 기습에 대비해야 한다고 주의를 주었으나 원소
는 또다시 듣지 않았다. 총대장과 막료진 사이에 이 정도로 커다
란 균열이 있으면 아무리 많은 병사들과 물자를 투입해 보았자,
승리를 거두지 못하는 것은 뻔한 일이다.

원소의 참모 중에는 허유許攸가 있었다. 조조하고는 젊었을 때
친하게 지내던 사이여서 그의 성품을 잘 알고 있었다. 조조 군대
는 병력이 적으니까, 주력 부대가 관도에 집중하게 되면 후방은

텅 비게 될 것이 틀림없다고 생각하고, 경기병 부대를 내보내서 허도에 야습을 가하도록 진언했다. 그러나 독단적이고 자기 멋대로 다른 사람의 마음을 판단하는 경향이 있던 원소는 허유의 의견을 듣지도 않고 오히려 이렇게 대꾸했다.

"너는 조조와 친분이 두터우니까 그 녀석을 위해서 우리 군대를 선동할 생각이구나. 그 수에는 넘어가지 않는다. 나는 여기서 반드시 조조를 붙잡아 오겠다."

마침 그때, 업성에서 살고 있는 허유의 가족은 법을 어겨서 체포당해 감옥에 감금되어 있는 상태였다. 그러자 허유는 분개해서 원소를 배신하고 탈출하여 조조에게 투항했다. 조조는 어릴 적 친구인 허유가 찾아왔다는 말을 듣고, 너무나 기뻐서 신발을 신는 것도 잊은 채 버선발로 달려 나가서 맞이했다.

"잘 와 주었네. 자네가 와 준 이상 이제 나의 일은 성공한 것이나 다름없네."

허유는 자리에 앉으며 말했다.

"원소의 군대는 지금 기세가 등등한데, 조조님은 어떻게 대처할 생각입니까? 지금 식량은 어느 정도나 남아 있습니까?"

"아직 1년은 끄떡 없네."

"그렇게 많이 남아 있지는 않을 텐데요?"

"반 년분일까?"

허유는 여전히 조조가 거짓말을 하고 있다는 것을 알고는 단

노식입석으로 아픈 곳을 씻었다.

"원소를 쳐부수려는 생각이 없으십니까? 왜 사실대로 말씀해 주지 않습니까?"

조조는 허유를 속일 수 없다는 것을 알고는 쓴웃음을 지으면서 말했다.

"지금 한 말은 모두 농담일세. 겨우 1개월치나 남아 있을까? 어떻게 하면 좋을지 가르쳐 주게."

아무튼 권모술수가 선행하고 횡행하는 세상이지만, 기본적으로는 거짓말을 하지 않는 것이 가장 좋은 방법일 것이다.

허유는 조조가 사실을 솔직히 털어놓자, 원소가 오소에 식량을 보존해 놓고 있는 상황을 조조에게 상세히 고하고, 경기병을 파견하여 기습을 해서 원소의 식량과 군수품을 모조리 불살라 버린다면 3일도 되지 않아 원소를 괴멸시킬 수 있을 것이라고 진언했다.

"배가 고파서는 싸움을 할 수 없으니까요."

허위는 한마디를 더 덧붙였다.

허유의 방책에 조조는 뛸 듯이 기뻐했다. 그날 밤 조조는 조홍 曹洪(사촌동생으로 목숨도 불사하는 용장이다)과 명참모인 순유荀攸로 하여금 관도의 진영을 지키게 하고, 자신은 보병 5천 명을 거느리고 오소를 향해 돌진해 갔다. 보병들에게 각자 장작을 지참하게 명하고, 하무를 물게 하고, 말의 입을 묶고, 오솔길을 따라서 진입해 갔다.

하무는 작은 나무 막대기이다. 옛날에는 야간 행군을 하거나 적진을 기습할 때, 각자 이 하무를 하나씩 입에 물고 얘기를 하거나 목소리를 내거나 해서 적에게 들키는 것을 방지했던 것이다. 하무의 양끝에는 끈이 달려 있어서 팔에 붙잡아 매도록 되어 있었다.

조조 군대는 도중에 몇 차례인가 원소 군대의 "누구냐?"고 묻는 확인에 부딪쳤으나, 원소의 명령으로 오소에 증원차 간다고 속이면서 무난히 원소 군대의 방어선을 통과했다. 이렇게 해서 날이 밝기 전에 조조 군대는 오소에 도착하여 높이 쌓아 올려져 있는 원소 측의 식량더미를 에워쌌다. 조조가 명령을 내리자, 병사들은 들고 있던 장작에 불을 붙여서 집어던지기 시작했다. 눈깜짝할 사이에 식량이 있던 산의 사방에서 연기가 피어 오르고 불길이 하늘을 찌를 듯한 기세로 새빨갛게 타올랐다. 원소 군대는 잠에서 깨어나 황급히 집결하기는 했으나 사태를 수습할 길이 막막했다. 원소 군대의 장군 순우경은 닥치는 대로 응전을 했지만 조조 군대의 맹공을 견뎌 낼 수는 없었다.

눈덩이처럼 불어나기 전에 막아라

그 소식을 들은 원소는 바로 조조 군대가 오소를 기습했다는

것을 깨달았으나, 그다지 심각하게 생각하려 들지 않았다. 원소
는 나름대로 정정당당한 전략이 있었던 것 같다. 명문의 후계자
다운 사소한 일에 얽매이지 않는 매력 중 하나였다. 어쨌든 장남
원담袁譚에게 그다운 말 한마디를 던졌다.

“설사 조조가 순우경을 격파했다 하더라도 이쪽에서 녀석의
진지를 함락시키기만 하면, 조조는 돌아갈 곳이 없어지는 것이다.”

원소는 대장 장합과 고람에게 병사들을 이끌고 관도의 조조
진영을 공격하라고 명했다.

“조조 자신이 정병을 이끌고 오소를 공격하고 있을 터이니,
아마도 순우경으로는 버텨 내기가 어려울 것입니다. 오소에 만
일 무슨 일이 있으면 모든 것은 끝장입니다. 우선 병력을 보내서
순우경을 구출해야 합니다.”

장합은 끈질기게 원소에게 청을 넣었다.

하지만 원소는 막료인 곽도가 자신의 의견에 영합하자 주력
부대를 가지고 관도의 조조 진영을 공격한다는 방침을 굽히지 않
고, 소수의 기병을 파견하여 오소를 구원하기로 했다. 그러나 관
도의 조조 군대의 수비는 견고했으며 전투병들이 사수하고 있었
기 때문에 원소 군대는 오랜 시간을 공격했지만 함락시키지 못
했다.

결과적으로 원소는 조조로 하여금 오소 격파를 가능하게 만든
장본인이 된 형국이 되었던 것이다.

오소에 있던 조조의 병사들은 원소가 보낸 증원 부대의 기병들이 접근해 오는 것을 보고, 황급히 조조에게 보고를 했다.

"적의 기병들이 뒤쪽에서 다가오고 있습니다. 군대를 두 개로 쪼개서 방어해야 합니다."

그러나 조조는 큰소리로 꾸짖었다.

"적이 배후에 다다르거든 보고하라."

조조의 단호한 지시에, 병사들은 지금이 바로 운명을 결정짓는 때라고 여기고 있는 힘을 다해 싸워 눈깜짝할 사이에 원소 군대의 성채를 함락시켰다. 주장군인 순우경은 칼에 맞아 죽고, 원소 군대의 수레 1만 대분의 시량은 완전히 불타 버리고 말았다.

순우경이 패하고 전사했다는 소식이 관도의 전선에 전해지자, 장합張郃은 대세는 이미 기울었다고 생각했다. 또한 전쟁을 모르는 문인 참모인 곽도郭圖가 원소 앞에서 자신을 중상모략하고 있다는 얘기를 듣고, 화가 나고 두렵기도 해서 고람高覽과 함께 성을 공격하는 도구를 모조리 불태워 버리고, 조조의 진영에 투항했다. 원소 군대는 처음부터 동요하고 있던 터라 주장군이 투항해 버리자 더욱 혼란이 심해져서 군대 전체가 붕괴되는 상태에 이르렀다. 그 기회를 놓치지 않고 조조 군대가 반격했기 때문에, 원소 군대는 대패하여 거의 대부분 섬멸되어 버렸다.

원소와 원담 부자는 불과 8백 명의 친위대의 호위를 받으면서 겨우 목숨만 부지한 채 황하의 북쪽으로 도망쳐 갔다. 원소는 이 참패 뒤 분을 이기지 못하고 울화병에 걸렸는데, 엎친 데 덮친 격으로 중병까지 얻어 다시 회복하지 못하고 건안 7년 5월에 이 세상을 떠났다. 원소는 죽기 전까지 결단력 부족으로 후계자를 명확히 하지 못함으로 인해 원소 사후 장남과 차남이, 즉 원담과 원상이 후계자 지위를 놓인 서로 다투는 공방을 되풀이하다가 결국에는 조조에게 각개격파당하고 말았다.

속도는 무엇보다도 뛰어난 무기이다

관도의 싸움은 소수의 병력으로 대군과 싸워서 압도적으로 약소한 군대가 강대한 적을 괴멸시킨, 역사상 유명한 전쟁이다.

조조가 승리를 쟁취할 수 있었던 것은, 정확하면서도 기민하게 행동해야 하는 전투 원칙을 실행했기 때문이다. 먼저 분산된 비교적 약체의 할거 세력들을 모두 소탕하고, 그 위에 힘을 집중시켜 정면의 강적과 대결했다는 것, 먼저 한 걸음을 양보하고 그 뒤에 돌연 공세로 전환해서 적을 제압했다는 것, 동쪽을 치는 척하고 서쪽을 치고, 고정 관념에 사로잡히지 않는 융통무애融通無 礙(거침없이 통하여 막히지 않는다는 뜻으로 사고나 행동이 자유롭고 활달함을 이르는 말)의 전법에 의해서 승리를 손에 넣은 것, 적의 식량을 불태워서 사기를 꺾은 것 등이다.

원소의 실패의 원인은 좀 더 명백하다.

오만해서 적을 깔보고 다수를 믿고 강공을 되풀이하고 계략을 이용하는 법을 모른다는 것 등이다. 또한 특히 조조는 허심탄회하게 타인의 의견을 수용할 수 있었으나, 원소는 오로지 자신의 뜻을 관철시키려고 고집을 부렸다.

무엇보다 그 점이 양자의 우열을 가르는 중요한 요소가 되었다.

그러나 그것보다 더 중요한 것은 싸움이란 시간과의 경쟁이라는 사실이다. 〈손자〉에, "병은 졸속拙速을 묻는다(서툴러도 재빨리 끝내는 것이 좋다〈작전편〉)"고 써 있는 것도, 시간과의 경쟁을 강조한 것일 것이다.

그저 서두르기만 해서는 좋을 리가 없다. 조조의 가장 큰 특징은 긴박할 때 빠른 결단을 내리고 행동을 옮기는 것에 있다. 또한 시간과의 경쟁에는 남보다 훨씬 많은 신경을 쓰고 세심하게 행동했다. 그런데 원소는 언제나 시간과의 경쟁에 실패하고, 변명을 하면서 분한 마음으로 상대를 곱씹지 않으면 안 되었다.

제九장

혼자서 살아갈 수 있는 시대는 영원히 오지 않는다

인화단결이 필승의 비결로 작용한

적벽의 싸움(오나라 vs 위나라 ; 서기 208년)

세기의 전쟁으로 불리는 적벽의 싸움에서 손권이 강적 조조를 이길 수 있었던 것은 무엇보다 전술의 대가 제갈량의 제의를 받아들인 데 있다. 적군의 유리한 점을 순식간에 불리한 상황으로 만들어 버린 변증법의 묘미를 느낄 수 있으며 하늘과 땅이 돕는 다이내믹한 한판 전쟁의 장관을 만끽할 수 있다.

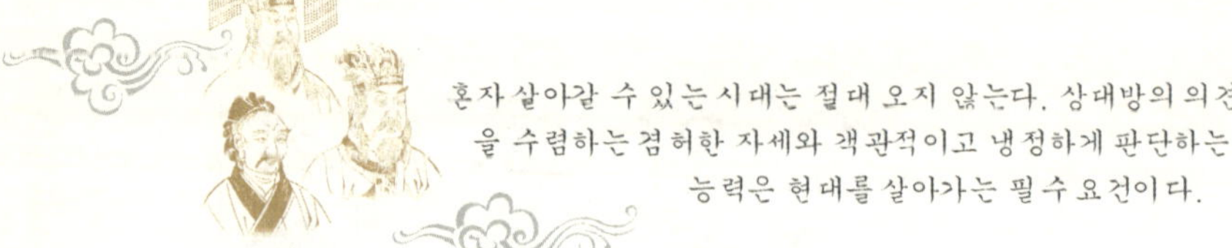

후세에까지 이름을 남긴 세기의 전쟁

〈삼국지〉가운데서도 사람들의 입에 가장 많이 오르내리는 전쟁 중 하나가 '적벽의 싸움' 이라는 것에 이의는 없을 것이다.

이 적벽대전을 짧고도 정확한 정경 묘사로 전해 주는 것은, 훨씬 시대를 거슬러 내려가 송대의 대문호인 소동파蘇東坡선생, 즉 소식蘇軾의 시문詩文이다. 적벽부는 소식이 호북송 황주에 유배되었을 때, 1802년 가을과 겨울 두 차례에 걸쳐 황주 성벽에서 놀다가 지은 작품으로, 7월에 지은 것을 전 적벽부라고 하며 10월에 지은 것을 후 적벽부라고 한다.

송대는 서기 960년부터 1276년까지다. 그리고 변경汴京(지금의 개봉)에 도읍이 있던 무렵(서기 1127년)을 북송이라 불러서, 항주로 도읍을 옮긴 남송과 구별을 한다. 북송과 남송은 문화적으로 약간 풍토가 달랐는데, 이 시기에 쓴 소동파의 작품에서 적벽을 회고해 보기로 하겠다.

송나라 신종 원풍 5년(서기 1082년), 임술년 가을, 7월 개망旣望 즉 만월 다음 날 16일에, 소동파가 친구와 배를 띄우고 적벽 아래서 노닐 때 쓴 시다.

"청풍은 천천히 불어오고

　파도는 조금도 시끄럽지가 않고

　그래서

　술잔을 들어서 손님에게 권하고

　명월의 시를 읊고

　요조의 장(시경에 나오는 '명월의 시'의 진풍陳風 월출月出 편의 시

　를 가리킴)을 노래하면서

　달 떠오르기를 기다렸노라.

　얼마 뒤에 달은 동쪽 산 위에 걸리고

　북두, 견우의 사이를 노닐도다.

　백로가 강에 드러눕고

　물의 반짝임은 하늘에 접하는구나.

　갈대의 작은 배는 물의 흐름에 맡기고

　만경 萬頃(수면이 한없이 넓음)의 호연함을 헤치고 나가노라."

〈전 적벽의 노래〉

소동파는 적벽부 외에도 같은 시기에 쓰여진 작품이라고 생각되는 〈송사 宋詞〉를 저술했는데, 이 시 역시 사람의 마음을 끌어들이는 걸작 중의 하나이다. 호북의 황주는 소동파가 머물렀던 적벽의 하류에서 얼마 떨어져 있지 않은 곳에 있었다. 뱃길로 불과 1박 정도의 거리였던 그곳의 장관과 역사적 자취가 북송을 대표하는 저명한 문인의 마음을 어지간히 끌어당겼음은 두말할 나위가 없을 것이다. 그곳에서 소동파는 〈시경 詩經〉의 세계로 파고 들어가 유랑한다. "달이 떠서 휘영청한데"로 시작되는 명월의 구절(시경의 〈진풍〉에 있음)을 읊조리고, 아름다운 남녀의 그리움과 그에 이어진 상념은 "적적하게 우는 비둘기"(시경의 〈주남〉에 있음)의 요사스러운 처녀에게로 옮겨 간다.

당 唐대가 '시 詩'의 시대였다고 한다면, 이어지는 송대에는 시의 글자의 여분, '사 詞(노랫말)'가 전성기를 맞이한다. 시보다 약간 설명이 많은 경향은 있지만, 끈기 있게 감정이입을 시도함으로써 상념의 깊이를 표현할 수 있다는 점에서, '사'는 '시'를 뛰어넘는다.

그 사 詞, 〈염노교(적벽 회고)〉는 오나라의 젊은 장군 주유 周瑜를 노래하고 있는데, 그 옛날을 회상하는 붓끝이 아주 날카롭다.

양자강은 쉴 새 없이 동쪽으로 흘러가고
옛날의 뛰어난 인물을 파도는 천 년이나 씻어내 버렸네.

저 옛날의 돌담 서쪽 근처

그곳을 사람들은 삼국 시대의 주유가 지모를 다해 싸운

적벽이라고 하네.

난립하는 바위는 구름의 봉우리가 무너진 것 같고

맹렬한 파도는 기슭을 짓찧고

무수한 눈송이를 감아올리네.

지금 보는 강과 산은 그림 같지만

당시의 많은 영웅들은 어디로 갔는가.

아득히 생각하면 주유는 그 해

아름다운 교현의 딸을 갓 아내로 맞았네.

영웅의 모습도 늠름했네.

깃털 부채에 생사 두건을 쓴 제갈공명과

한가로히 담소하고 있는 사이에

강적 조조의 군대는 재가 되고 연기가 되어 사라졌네.

이처럼 옛날의 나라에서 마음은 노닐지만

다정한 사람은 틀림없이 웃으리라.

내가 벌써 백발이라고

참으로 인간의 세상은 꿈과 같도다

역시 한 잔의 술을 물에 비치는 달에게 권하리라.

지모를 다한 영웅 3걸

"저 옛날의 돌담 서쪽 근처, 그곳을 사람들은 삼국 시대의 주유가 지모를 다해 싸운 적벽이라고 하네…… 깃털 부채에 생사 두건을 쓴 제갈공명과 한가로히 담소하고 있는 사이에, 강적 조조 군대는 재가 되고 연기가 되어 사라졌네."

소동파의 노래는 오나라와 위나라에 의한 세기의 해전을 회고하는 데 걸맞는 명문구이다.

오나라 왕 손권과 위나라 왕 조조가 한나라의 유비를 끌어넣어(사실 그것과는 정반대로, 유비가 한실 재흥을 꾀해, 오나라와 위나라를 끌어들여 천하 3분으로 나눠 3국 정립 시대로 만들었지만 말이다) 영웅 3걸이 등장하여 지모를 다툰 옛날 싸움터가 바로 적벽이었다.

유배자 시인 소동파는 아마도 주유가 이끄는 오나라 군대의 대승리를 회고하면서도, 젊어서 병사한 이 인물의 통찰력을 애석히 여겼을 것이다. 또한 결국은 한나라 왕실을 도와줄 수밖에 없었던 제갈공명의 원통함을 생각하고, 거기에 소동파 자신의 불우함이 겹친 감회를 드러낸 것이리라.

적벽 대전은 동서고금에 보기 드문 유명한 싸움이다. 주유가 생각해 낸 '화선火船(물 위에서 싸울 때 적선을 화공火攻하기 위해 쓰던 배)계'는 보기 좋게 들어맞았다. 허름한 배와 나무뗏목에 마른 풀이나 장작을 잔뜩 싣고 기름을 붓고 불을 붙여서, 적의 누선이나 전투함에 옮겨 붙게 하여 불태워 버리는 전술이 절대적인 효과를 발휘했던 것이다.

전술의 교묘한 임기응변도 있었을 것이다. 싸움의 전체적인 국면을 통찰하는 전략의 차이도 생각해 보지 않으면 안 될 것이다. 그것과 더불어 정치와 역사의 장대한 드라마를 깊이 느껴 주기 바란다.

일시적인 평온에 절대 안주하지 마라.
사물은 극에 달하면 반드시 되돌아온다

관도의 싸움에서 북방 군벌인 원소를 대패시킨 위나라의 조조는 한동안은 내정에 전력투구를 했다. 동작대銅雀臺를 짓는 등 전성 시대를 구가하는 들뜬 마음도 있었지만, 지모에 뛰어난 순욱의, "반 년가량 꾹 참고 정기를 기르고 예봉을 가다듬어야 할 때"라는 진언을 받아들였다. 그때부터 조조는 둔전屯田에 힘을 기울였다. 그의 내정이란 대부분이 민중의 평온무사한 생활을 위한 여러 시책을 실행하는 것을 뜻한다.

싸움에서 이겼다고는 하지만, 고대의 전쟁 대부분이 그러하듯 국지전에서의 우승열패에 지나지 않았다. 좀 더 장기적인 정권과 왕권 확립의 차원에서 전망을 하면, 전란과 전란의 역사 사이에 존재하는, 잠시 '평화'를 누리는 시간이야말로, 지혜로운 자는 모든 것을 경주하여 민생에 노력하고, 민력과 국력을 기르고, 군사력의 증강을 도모하지 않으면 안 되는 것이다. 나라 안팎으로 위기적 상황이 발생하는 것은 결코 싸움을 하고 있을 때가 아니라, 겉으로만의 친선과 화목을 유지할 때인 것이다.

냉소주의자인 앤브로즈 피어스 식으로 말한다면 다음과 같다.

"전쟁이란 평화의 기술이 낳는 부산물이다〈악마의 사전〉."

그리고 이것을 중국 고대의 철학 개념으로 바꿔 놓는다면,

"사물은 극에 달하면 반드시 되돌아온다(물극필반 物極必反)"가 된다.

조조는 아마 그것을 잘 알고 있었을 것이다. 어쨌든 지금은 내정을 위해서 그리고 민중의 평화를 위해서 노력을 해야 할 때라는 것을 말이다. 그래서 수많은 개량 정책을 실행에 옮겼다. 황무지를 개간하여 농업의 수확을 올리기 위하여 대규모적인 둔전 제도를 추진했다. 유랑민을 정착시키는 것은 물론 긴급 시의 군대 편성에도 힘을 기울였고 회수 일대 수리 시설의 복구와 정비에도 착수했다. 지방의 권세를 장악하고 있는 토호 세력을 억압하고, 토지의 합병을 금지하는 법률을 엄히 적용했다. 백성들의 세금을 경감하고, 지방 행정에 인재를 등용하고, 그리고 군대의 정돈과 개편에 힘썼다. 얼마만큼의 실효가 있었는지는 소상히 밝혀지지는 않았지만 그 효과는 상당히 큰 것이었다. 당연히 조

조가 노리고 있는 것은 다음 번 목표, 즉 강남으로의 진출이었다.

이렇게 전쟁으로 인한 폐해에 시달리고 철저히 파괴된 북방도 어느 정도 복구가 되어 갔고, 조조 자신의 능력과 영웅으로서의 면모도 부단히 향상되어서 자꾸만 욕망이 고개를 쳐들었다. 그야말로 사물은 극에 달하면 반드시 되돌아온다는 비유대로, 평화에 안주하고만 있을 수가 없었다.

저 비옥한 강남, 양자강 이남의 토지와 물자를 무슨 수를 써서라도 손에 넣고 싶었다. 조조는 남하하여 형주荊州(지금의 호남과 호북 일대)의 유표와, 강동江東(지금의 장강 하류에 있는 각성)에 유연히 버티고 있는 손권, 이 양대 세력을 소멸시켜서 천하 통일의 목표를 이루고 싶었다.

건안 13년(서기 208년) 7월, 조조는 대군을 이끌고 형주로 향했다. 명분은 물론 천하통일, 아니 평화의 달성이라고 표명했음에 틀림없다.

자신감은 가지되 과신은 하지 말라

형주에서의 첫 번째 싸움은 우선 조조 군대의 무혈의 승리로 끝이 났다.

조조의 군대가 노도처럼 밀려오자, 병으로 죽은 유표(8월)의 뒤를 계승한 차남 유종劉琮은 숙부인 유비를 배신하고 바로 항복해 버렸다. 상속을 둘러싼 형제의 불화와 장군들의 대립 속에서 형주를 경영할 뚜렷한 의욕도 없었으니, 당연히 전의도 상실해 버린 것이다. 게다가 추격전을 벌이는 조조 군대의 5천 명의 정예 기병들이 하루에 3백 리(그 당시의 1리는 거리가 약간 짧아서, 3백 리는 107㎞쯤 된다) 가량을 달려서 유비 군대에게 육박해 오니, 전혀 상대를 할 수가 없었다. 병사들을 포기하고, 백성과 무기와 식량을 내버리고, 제갈량, 장비, 조운 등 수십 명만이 한수 방면으로 도망쳐서 가까스로 관우의 수군과 합류하는 비참한 상황에 이르렀다.

승리에 도취한 조조는 벌써 천하라도 잡은 것처럼 의기양양해서, 그 길로 곧장 강동의 손권 군대에게 덤벼들 작정이었다.

기세에 편승하는 전략도 어떤 의미에서는 옳다고 할 수 있을 것이다. 그러나 잠시 휴식을 취하라고, 조급하게 서두는 조조의 마음을 누그러뜨리려는 참모도 있었다.

"여기서는 얼마 동안 형주의 풍부한 자원을 이용하여 병졸들을 쉬게 하고, 백성들도 한숨을 돌리게 하고, 어느 정도 기력을 회복한 다음에 손권을 치는 것이 더 상책이라고 생각합니다."

그러나 조조에게는 통하지 않았다. 그는 부하의 간언을 무시했다. 일단은 형주의 관리들과 백성들에게 기분을 일신하여 생업에 힘쓰라고 포고는 내렸으나, 형주의 요충지를 비롯해서 부대가 투항해 오고, 군수 물자의 조달 등이 너무도 쉽게 이루어지자 자신은 강하고 위대한 인물이라는 교만이 고개를 든 것이다.

고립되어 있는 손권이 투항하는 것은 당연한 일이라며 자기 과신에 깊이 빠졌던 것이다.

그것이야말로 승리의, 그것도 완승의 안쪽에 잠재해 있는 커다란 함정이었는데, 냉정하게 전체적인 국면을 바라볼 만한 마음의 여유가 그때의 조조에게는 없었다.

상대방의 한 걸음 앞을 읽을 수 있으면 지지 않는다

조조가 형주에 공격을 가하기 이전에, 손권도 형주 탈취를 도모하고 있었다. 한나라 왕실의 피를 이어받은 유가劉家와 의논하여 한나라와 오나라가 제휴해서 위나라에 대항한다면, 각개격파당할 비참한 운명은 피할 수 있다고 보았다. 또 어떻게든 팽팽한 맞대결을 펼칠 수가 있으며 기회를 보아서 반격을 한다면 기세를 타고 전국 제패를 하는 것도 꿈만은 아닐 것이라는 게 오나라의 생각이었다. '가슴에는 전략, 배에는 지모' 라는 말로 주유가 추천한 전략가 노숙魯肅이 열심히 진언을 했기 때문에, 손권도 그것을 염두에 두고 있었다.

이렇게 해서 오나라의 사전 공작이 시작되었다. 이것에 응한 것은 지략이 뛰어난 한나라의 군사 제갈량諸葛亮이었다. 제갈량의 수읽기는 오나라의 왕과 신하들의 합의를 훨씬 상회하는 것이었다. 자는 공명孔明, 통칭 와룡 선생으로 불리는 제갈량은 아무리 기세등등한 위나라의 제1급 군사들도 섣부른 공격을 못하게 만드는 천하제일의 전술가였다. 3국을 통틀어 당대 최고의 두뇌라고 평가받는 그의 눈에는 오나라의, 특히 최고 유일한 정책 결정권자인 손권의 어지럽게 흔들리는 마음의 동요가 손에 잡히 듯이 보였다. 이때야말로 군사 제갈량이 등장할 차례다.

"천하 대란의 때입니다."

제갈량은 목소리를 높여서 형세를 분석하기 시작했다. 〈삼국지연의〉 제43회, "제갈량, 군유와 설전하고, 노자경 힘주어 중의를 배제함"의 대목에 상세하게 서술되어 있다.

"이전에는 천하 대란 때문에 장군님(손권을 가리킨다)도 이 강동 땅에서 병사들을 일으키셨습니다. 우리 유예주(유비는 한때 예주 지사였다)께서도 한수의 남쪽에서 군세를 모아서 함께 조조와 천하를 다투었습니다. 지금 조조는 이미 북방의 강적인 원소 군대를 멸망시켰으며, 최근에는 다시 형주를 무찔러서 명성을 천하에 떨치고 있습니다. 아무리 영걸인 유예주님이라 해도 땅의 이점을 얻지 못하고 무력을 사용할 수 없는 지역이라서, 여기까지 피신해 오신 것입니다.

부디 장군께서는 힘의 관계를 잘 감안하시어 현찰해 주시도록 부탁드립니다. 만일 오나라와 월나라(강동)의 군세와 물자로 중원을 제압한 조조와 대항할 수 있다고 생각하고 계시다면, 즉각 그와 단교를 해야만 할 것이고, 도저히 당해 낼 수 없다면, 여기에 계신 막료분들이 말하는 것처럼 깨끗이 투구를 벗고 무장을 풀고, 조조를 향해서 신하의 예를 취하시는 것이 좋지 않겠습니까? 그렇기 때문에 오늘처럼 겉으로만 복종하는 일은 무의미한 것입니다.”

제갈량은 손권의 마음을 계속해서 부추겼다. 손권이 대답에 궁해 있는 것을 보고 다그치 듯이 말을 이었다.

“표면상으로는 복종하는 것처럼 가장하고 마음속으로는 계속 망설이고 계신 것 같은데, 사태는 급박합니다. 더 이상 주저해서는 안 됩니다. 재앙은 내일까지 기다려 주지 않으니까요.”

마음속의 망설임을 확대해서 본인에게 자각시키면서 결심을 촉구하는 훌륭한 논리의 전개였다. 여기서 오나라 왕 손권은 제갈량의 설득에 최후의 저항을 시도한다.

“얘기는 잘 알았는데, 그렇다면 유비는 왜 조조에게 항복하지 않는가?”

상대를 화나게 만들어서 자기편으로 끌어들여라

이것이야말로 군사 제갈량이 기다리고 있던 질문이었다. 예측한 대로 반론을 제기하는 손권의 말꼬리를 교묘히 잡고 늘어진다. 그 응수는 다음과 같다.

"유예주(유비)님은 왕실과 핏줄이 닿아 있는 분이고, 더구나 당대 제일의 영재, 많은 사람들의 존경과 사모를 한 몸에 받고 있는 것이, 마치 작은 강물이 대해로 흘러들어가는 것과 같습니다. 그분이 일단 철저하게 항전을 결심한 이상, 지고 이기고는 둘째치고, 남의 밑에 붙을 리가 없습니다."

한껏 도발적인 말투가 아마도 손권의 체면을 더할 수 없이 손상시켰을 것이다. 손권은 자리를 박차고 일어났다가 마음을 고쳐먹고 술자리를 마련했다. 가까스로 마음을 가라앉히더니 그래도 오기가 남았는지 한마디 쏘아 붙였다.

"이 강동의 토지와 10만의 갑옷을 입은 병사들을 다른 녀석에게 지배하게 할 수는 없다. 내 마음은 이미 정해졌다. 그러나 믿고 의지하는 유예주가 과연 그대의 말대로 힘을 합쳐서 싸울 수 있겠느냐?"

제갈량은 손권을 화나게 만들고, 영웅적 기개와 자존심 같은 것을 건드려서 더욱 분발하게 만들었다. 더 나아가 오나라와 한나라의 연합군과 위나라 단독군의 군사력을 비교 분석해 보이면서 '남선북마南船北馬'를 이용한 싸움의 묘계를 피력했다. 제갈량의 군사로서의 능력을 여실히 보여 주는 대목이다.

남선북마란, 하천이 많은 남방 사람들은 선박으로 왕래하고,

산과 들의 기복이 심한 북방에서는 말을 중요한 교통 수단으로 삼는 것처럼, 인간은 환경에 따라 저마다 특기로 하는 것이 있다는 뜻이다. 출전은, 〈회남자 淮南子〉의 "호인 胡人은 말을 쓰기 좋다고 하고, 월인 越人은 배를 쓰기 좋다고 한다(제속훈)"에서 따온 것으로 보인다.

제갈량은 오나라와 한나라 연합군의 유리한 점을 말한다.

• 장판파에서 패했다고는 하지만, 관우가 이끄는 수군 1만의 정예는 온전히 남아 있습니다. 또 흩어졌던 병사들도 돌아오고 유기 劉琦(유표의 장남)가 이끄는 강하의 군세도 1만이 넘습니다.
• 조조의 병마는 북방으로부터 하루에 3백 리를 주파하는 강행군으로 인해 지칠 대로 지쳐 있습니다. 그 전선은 길게 늘어나 있어서 한계에 도달해 있습니다. 세상에서 말하는 "강궁의 끝은 노나라의 얇은 비단도 꿰뚫지 못한다"는 식으로, 전투력이 없습니다.
• 기마전을 특기로 삼는 북방의 병사들은 수상의 전투에는 서툽니다.
• 조조 군대에 편입된 형주 병사들은 결코 승복하고 있지 않습니다.

이 모든 것들이 절호의 기회를 보여 주는 것이라고 설득했다. 그리고 승리하는 날에는 조조는 북쪽으로 떠나고, 유비는 강남으로 가고, 손권은 그대로 강동을 거느리는 "3국 정립鼎立"의 형세가 이루어질 것이다. 그렇기 때문에, 유비 한 사람이 왕실의 후예라고 하면서 가문을 대의명분으로 삼아 천하를 독점할 생각은 전혀 없다는 것을 역설했다.

멋진 사전 공작이었다.

자상紫桑(지금의 강서성 구강 부근)에 진을 치고 있던 손권의 어전 회의는 흔들릴 대로 흔들려서 계속 옥신각신했다. 출격할 것인가? 아니면 그곳에 머물면서 성내의 수비를 강화할 것인가?

이러한 상황에서 기라성 같은 전략가들의 날카로운 설봉을 무너뜨리고 마음이 흔들리는 손권을 개전 쪽으로 발을 내딛게 만든 제갈량의 혀 놀림은 참으로 훌륭한 것이었다.

육지에서 하는 기마전은 불리하니까 강으로 적을 끌어들여서 수전으로 끌고 가자는 작전만 하더라도, 생각해 보면 커다란 도박이었다.

누구에게나 반드시 약점은 있다

개전하는 결심에 힘을 보탠 것은 주유周瑜였다.

"내정에 관한 일은 장소張昭와 의논하라. 외국과의 충돌에 대해서는 반드시 공근(주유)과 의논하라."

선친인 국왕 부인이 유언을 했을 정도로 신망이 높은, 최고 군사 고문인 주유였다.

임지인 파양(지금의 강서성 파양)에서 불려 올라온 주유는 냉철한 인물로, 병법에 맞지 않는 조조의 '4대 불이익'을 지적했는데, 이것이 개전의 근거가 되었다. 이 주유가 바로 소동파의 〈적벽회고〉라는 노래에 나오는 '삼국 시대의 주유'이다. '4대 불이익'이란 다음과 같다.

• 북방은 아직 완전히 통일되었다고는 말할 수 없는 상황이다. 마등과 한수 등 아직도 할거하는 군웅이 양주 일대에서 끊임없이 조조를 후방에서 위협하고 있는데도, 헛되이 남쪽 정벌에 시간을 낭비하고 있다.

• 조조 군대에는 북방 출신자가 많아서 수전에는 익숙치가 않다. 특기인 기마전騎馬戰을 버리고 선상에서 우리들과 싸우게 되면, 힘의 차이는 훨씬 더 벌어진다.

• 바야흐로 엄동기를 맞이하게 되어 원정군으로서는 식량을 보급할 방법이 없다.

• 중원의 병사들을 강호 지대로 강제로 끌고 왔기 때문에, 풍토에 적응하지 못해서 병자가 속출하고 있다.

분명 조조 진영의 군사들은 환경에 적응하지 못해 병에 걸린 병사들이 속출하고 있었다. 그러나 조조 군대 쪽에서도 수상전을 이겨 내기 위해 기존의 것과 전혀 다른 것으로 짜 넣는 전법을 연구하는 등 빈틈없이 대책을 세우고 있었다. 파양 호반에서 수군을 충분히 훈련시켜 온 주유의 눈에는 어린애들의 장난 같은 것이었겠지만 조조 군대는 착착 수상전에 대비해 불침 전함을 건조했다. 그리고 그 거대선을 이용해서 기마무사들을 충분히 뛰어 돌아다니게 하는 전술이었다.

우선은 전함의 흔들림을 없애기 위해서 몇 척, 몇십 척을 한 조로 해서 쇠사슬로 연결시키고, 그 위에 나무판자를 빈틈없이 깔게 했다. 이렇게 하면 선체의 안정도가 높아져서 병마가 선상을 종횡으로 달려 돌아다닐 수 있게 된다. 참으로 훌륭한 연환 전투선이었다.

그리고 커다란 쇠사슬로 연결한 배가 빙 둘러싸고, 그 안쪽을 작은 배가 소금쟁이처럼 달려 돌아다니는 모습은 거대한 수상 요새 자체였다. 밤이 되면, 각 배에서 화톳불을 피웠는데, 그것이 하늘에 반사되고 수면을 심홍색으로 물들여서, 대안에 있는 손권 진영을 위압했다고 한다.

그러나 바다의 요새라고 할 수 있는 이 연환 전투함에도 약점은 있었다. 너무 지나치게 컸던 것이다. 너무 크기 때문에 목표가 되기 쉽고 움직임도 둔할 수밖에 없었다. 따라서 화공의 표적으로는 안성마춤이었다. 바람을 잘 이용한다면, 조그만 불씨에도 순식간에 수상 요새를 몽땅 불태워 버릴 수 있는 것이다.

그러나 한겨울에, 중국 대륙에는 서북쪽에서 바람이 거세게 불어와 조조 군대의 진영이 있는 곳으로는 바람이 갈 리가 만무했다.

주유와 제갈량은 현지의 기상 상황에 대해서 세밀히 연구를 시작했는데 극히 미약하나마 화공의 기회가 있다는 것을 깨달았다. 동지冬至(12월 22일경)경에, 거꾸로 동남풍이 불 가능성이 있었던 것이다.

조바심은 인간의 판단력을 마비시킨다

동남풍이 불 때까지 시간을 벌지 않으면 안 된다. 기회를 기다려야 된다는 것을 알고, 주유는 적에게 내통할 희생양을 만들어 낸다. 조조의 눈을 속이려고 하는 엄청난 계획이니까 보통 이상의 연기력을 갖추지 않으면 안 되었다. 그래서 뽑힌 노장 황개黃蓋는 이른바 '고육지계苦肉之計(적을 속이기 위해서 제 몸을 괴롭히면서까지 짜내는 계책)'를 충실하게 연기해 냈다. 배반했다고 믿게 하고, 거꾸로 적진 깊숙이 침입하는 특별 공격 부대를 편성하는 계략이었다.

물론 이 정도의 책략은 서로가 잘 알고 있기 때문에, 모두들 그것을 알고 있으면서 속이고, 또 속이고, 세 번 속여서, 어느 쪽이 끝에 가서 속아 넘어가느냐가 문제로 그야말로 허허실실 전략이다. 그러나 결과는 주유 측의 속임수가 승리를 거두었다.

"기회를 봐서 수전에 익숙한 정병精兵(추리어 뽑은 날쌔고 용맹한 병사)들을 이끌고 이쪽으로 넘어오겠습니다."

노장 황개의 이 말을 신용할 정도로 조조가 군략에 무지할 리는 없다. 그, 있을 리가 없는 궤계詭計(간사스러운 속임수)에 걸려드는 것이 적과 아군이 뒤엉켜 싸우고 있는 최전선의 실정인 것이다. 사실 어제는 적, 오늘은 아군이 되는 싸움의 격렬함도 상상할 수 없는 일은 아니지만, 조조는 자기를 너무 과신하고 승리를 지나치게 서둘렀던 면이 없지 않았던 것이다. 주유가 분석한 대로, 4대 불이익을 등에 지고 단판 승부를 하려고 지나치게 조바심을 쳤던 것이다.

11월의 어느 날 밤, 하늘이 도왔는지 동남풍이 불어닥쳤다.

미리 계획한 대로 노장 황개의 일대가 수상 요새에 접근했다. 내통하는 척하면서 접근하여 공격할 작정이었다. 기름을 잔뜩 부은 마른풀과 갈대와 장작을 잔뜩 쌓고, 배 가장자리에 장막을 둘러쳐서 위장한 채 투항 신호의 깃발을 내건 선단이었다. 후미는 속도가 빠를 것 같은 작은 배를 연결해 놓았는데, 그것으로 도망쳐 돌아가려고 하는 계략이었다.

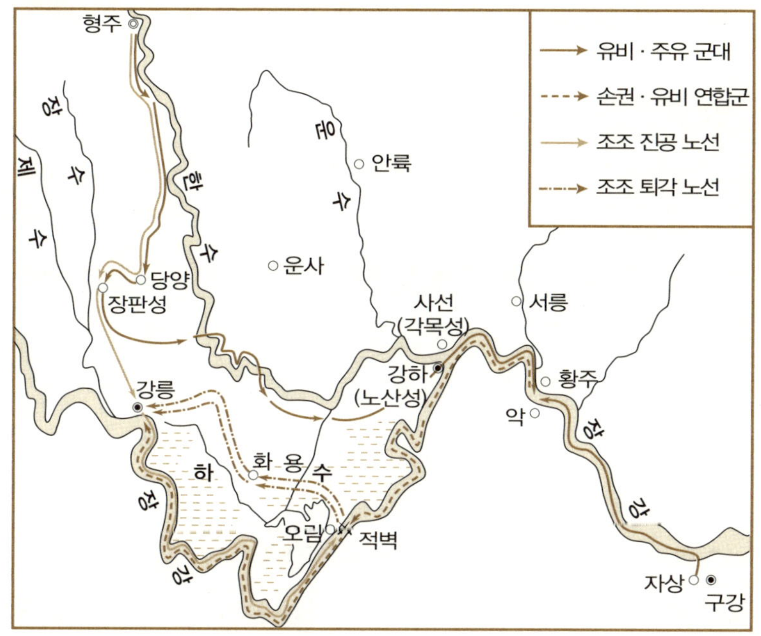

불을 지른 특별 공격선은 일직선으로 조조 군대의 수상 요새로 돌진해 들어갔다. 때마침 동남풍이 거세게 불기 시작하자, 불은 바람의 기세를 빌며, 화력을 강하게 하면서 물 위 요새에 순식간에 퍼져 나갔다. 마음대로 움직일 수가 없는 물 위의 거대한 요새는 이렇게 해서 불타고, 불은 다시 강기슭에 구축되어 있던 군영까지도 불바다로 만들고 말았다.

예나 지금이나 "인화人和"가 가장 중요하다

그 뒤는 일사천리의 완벽한 패전이었다.

앞을 다투어 도망치려는 조조 군대의 병사들에게 광풍과 폭우가 몰아쳤고, 길은 진흙 구덩이로 변해서 한 발짝도 내디딜 수가 없었다. 잡병들에게 명하여 잔디풀을 모아다가 온통 길에 깔게 하고, 기마 무사들은 잡병들을 짓밟으면서 걸음아 날 살려라 하고 필사적으로 도망쳤다.

이러한 병사들을 유비와 주유가 수륙 양쪽에서 추격하여 무찌르자, 조조는 북쪽으로 도망쳐 갔다.

적벽의 싸움이야말로 3국이 서로 팽팽하게 대치하게 되는 새로운 국면을 가져다준 결정적인 일전이었다. 조조도, 유비도, 손권도, 그 후에는 오로지 방비를 굳히고 대치하는 상황이 되었다.

세 사람 가운데서도 특히 걸출한 정치가이자 군략가이며, 또한 인정의 기미를 잘 아는 문인이기도 했던 조조가 결정적인 일전에서 큰 악수를 둔 것은 어찌된 일일까? 이것은 도저히 운명의 장난이라는 따위의 평범한 말로 매듭지을 수 있는 성질의 것이 아니다.

현대의 전쟁론 가운데, 모택동의 전쟁론, 특히 〈지구전론持久戰論〉을 무시할 수 없는데 이 책에서 그는, "오나라와 위나라의 적벽의 싸움, 나폴레옹의 수많은 전쟁, 10월 혁명 후의 소비에

트·러시아의 내전 등 모두 소수로 다수를 치고, 열세로 우세를
맞아 싸워 승리했다"고 규정했다.

그리고 이어서,

"반대로, 처음에는 우세하여 주도권을 잡고 있더라도 주체 측
의 오류와 내부 모순에 의해서 양호한 우세와 주도적 지위를 완
전히 상실하여 패군의 장군, 망국의 군주가 되는 경우가 있다"

고 논하여 자성을 촉구했다.

요컨대, 적벽의 싸움에서 조조는 하늘의 때, 땅의 이점 등이
결여된 데다가, 또한 자기의 단점까지도 시나브로 노출시켜 버
린것이다. 덧붙여 설명하자면 일시적인 엉성한 연합이었지만 손
을 잡은 오나라와 한나라의 인화人和가 유효하게 작용했다고 말
할 수 있을지도 모른다.

사기에서 삼국지까지
조직의 생존 전략

지은이 • 아베 유키오　　　　옮긴이 • 최용훈
펴낸곳 • (주)삼양미디어　　펴낸이 • 신재석

등　　록 • 제 10-2285
주　　소 • 121-840 서울시 마포구 서교동 394-67
전　　화 • 02)335-3030　　　　팩　　스 • 02)335-2070
홈페이지 • www.samyangm.com
이 메 일 • book@samyangm.com

1판 1쇄 발행　2006년 9월 20일

ISBN • 89-5897-043-X

책 값은 뒤표지에 있습니다.
잘못 만들어진 책은 구입하신 서점에서 바꾸어 드립니다.